Das Märchen der professionellen Argumentation in der Rhetorik ^{2100}

Von Abwertungen, Behauptungen, Killerphrasen

Horst Hanisch

Bibliografische Information der Deutschen Nationalbibliothek: Die Deutsche Nationalbibliothek verzeichnet diese Publikation in der Deutschen Nationalbibliografie; detaillierte bibliografische Daten sind im Internet über dnb.dnb.de abrufbar.

Aus Gründen der einfacheren Lesbarkeit wird auf das geschlechtsneutrale Differenzieren, zum Beispiel Mitarbeiter/Mitarbeiterin weitestgehend verzichtet. Entsprechende Begriffe gelten im Sinne der Gleichbehandlung für alle Geschlechter.

Idee und Entwurf: Horst Hanisch, Bonn

Lektorat: Annelie Möskes, Bornheim

Buchsatz: Guido Lokietek, Aachen; Horst Hanisch, Bonn

Umschlag: Christian Spatz, engine-productions, Köln; Horst Hanisch, Bonn

Fotos/Zeichnungen: Horst Hanisch, Bonn

Verlag: BoD • Books on Demand GmbH, In de Tarpen 42, 22848 Norderstedt

Druck: Libri Plureos GmbH, Friedensallee 273, 22763 Hamburg

ISBN: 978-3-7583-7220-9

Das Märchen der professionellen Argumentation in der Rhetorik [2100]

Von Abwertungen, Behauptungen, Killerphrasen

Inhaltsverzeichnis

Hinleitung zum Ratgeber

„Erzähl mir keine Märchen!"

„Das wunderbarste Märchen ist das Leben selbst."

Hans Christian Andersen, dän. Märchendichter (1805 - 1875)

Das Gute besiegt das Böse

An Silvester 1910 wurde meine Omi, Frieda Maria, geboren. Ungefähr ab Mitte der sechziger Jahre habe ich Erinnerungen an sie und ihre Werke. Sie malte wunderschöne Gemälde, fertigte unzählige Zeichnungen an und schrieb viele Märchen, die sie auch selbst bebilderte.

Sie brachte die meisten Märchen etwa ab 1930 bis 1947 zu Papier. Meiner Omi gelang es trotz intensiver Bemühungen nicht, einen geeigneten Verlag zur Veröffentlichung ihrer gesammelten Märchen zu überzeugen.

Deshalb wechselte Omi die Strategie. Sie war der Überzeugung, dass ich, ihr Enkel, in späteren Jahren durch die Veröffentlichung dieser Märchen ein gutes Einkommen erzielen könnte.

Nun, davon gehe und ging ich allerdings nicht im mindesten aus.

Im Jahr 2015 veröffentlichte ich im Gedenken an meine Omi das Buch ‚Omi hüpf' mal', in dem aus ihrem Leben – und von ihren Märchen – berichtet wird.

In den Märchen sind schriftstellerische Höhepunkte kaum zu erwarten. Nach Angaben meiner Omi dienten die Märchen hauptsächlich dazu, ihren beiden eigenen Kindern, Alfred (meinem Vater) und Edith, vorgelesen zu werden. Also: Eine Mutter schrieb für ihre Kinder.

Auf dem Cover des vorliegenden Ratgebers ist ein Ausschnitt aus der Bebilderung des Märchens ‚Die berauschten Gänse' zu sehen.

Märchen – eine erfundene Erzählung

Ein Märchen gilt als eine fantasievolle, erfundene Erzählung. Märchen leitet sich von ‚Mär' (mittelhochdeutsch ‚maere' für ‚Kunde', ‚Nachricht') ab.

Manche Märchen sollen über 4.000 Jahre alt sein, so wie beispielsweise ‚Rumpelstilzchen'.

Die meisten Märchen sind monarchisch geprägt und zeichnen sich durch eine Moral aus. Das Gute gewinnt über das Böse. Das Geschilderte ‚geschah' irgendwann und irgendwo. Die unschuldige Prinzessin, der forsche Prinz, das Königspaar – fast immer ist jemand aus dem Hochadel eingebunden.

Die unschuldige Prinzessin und der mutige Prinz

Wie prägend der adelige Einfluss in die Sprache genommen hat, zeigt sich in Formulierungen wie: Weinkönigin, Bienenkönigin, Schützenkönig, Lottokönig, Königsdisziplin, Karnevalsprinz – und immerhin – der Traumprinz. Allerdings findet sich der König auch im Wort Ausbrecherkönig.

Der mächtige König und seine schnell handelnde ‚Dame' haben in vielen Kartenspielen einen hohen Wert. Sie sind entscheidend beim strategischen Vorgehen einer Schlacht auf dem Schachbrett.

Fällt die Dame, ist das eine Tragödie. Fällt der König, ist er ‚schachmatt'. Das Wort stammt aus der persischen Sprache ‚schah mat' und bedeutet ‚der König (der Schah) ist geschlagen'.

Das Spiel ist aus. Das Heer hat verloren. Der König hat seine Macht eingebüßt.

Hoffentlich kann sein Sohn, der Prinz, bei nächster Gelegenheit wieder triumphieren.

Die Bezeichnung ‚Prinz' lässt sich nachvollziehen aus dem Lateinischen ‚primus' für ‚der Erste' und ‚princeps' für ‚Ranghöchster'. Er ist in der Hierarchie derjenige, der den König beerben wird.

Viele Mädchen wünschen sich zu Karneval ein Prinzessinnen-Kostüm. Statt Prinzin wird Prinzessin (nach dem Französischen ‚princess') verwendet.

In der Vergangenheit galt die französische Sprache als die der gebildeten Schicht.

Prinzessin ist auch der Kosename für die Tochter oder geliebte Ehefrau. Aus dem Prinzesschen allerdings lugt eine verhätschelte junge Frau hervor, die mit ihrem eigenwilligen Kopf ‚ihre Dinge' durchsetzen will (was ihr in der Regel auch gelingt).

Keine Märchen auftischen

Im realen Leben geht es um konkrete Situationen im Hier und Jetzt. Nicht zwangsläufig muss das Gute gewinnen, sondern die rhetorisch überzeugende Argumentation oder die in der Gesellschaft verankerten Vorurteile.

Lesern und Leserinnen ist bewusst, dass Märchen genau als solche zu betrachten sind. Sie haben mit der Wahrheit nichts zu tun. Natürlich soll hierbei nicht der Aspekt der Moral unterschätzt werden.

Aus dem Erzählten kann beispielsweise gefolgert werden, dass ‚böses' Verhalten nicht zum Erfolg führt. Also soll sich ‚brav' und ‚fair' verhalten werden.

Ein gewisser Lerneffekt ist beabsichtigt. Aber: Führt das ‚saubere' Verhalten zwangsläufig zum Erfolg?

In der Realität dominieren rationale Überlegungen und Vorgehensweisen – und materielles Streben. Wird immer respektvoll, wertschätzend und fair miteinander umgegangen? Werden im gesellschaftlichen und geschäftlichen Umgang nicht auch manchmal ‚Märchen' aufgetischt?

Sollen fantasievolle und kreative Geschichten dazu beitragen, das Zusammenleben zu vereinfachen und/oder berufliche Vereinbarungen leichter zu treffen?

Wird jemandem ein Märchen erzählt – manche sagen sogar ‚aufgetischt' – darf davon ausgegangen werden, dass das Aufgetischte nicht eins zu eins der Wahrheit entspricht. Es wird geschummelt, getäuscht, ja leider muss gesagt werden, auch gelogen.

Nicht umsonst wehrt ein anderer ab: „Erzähl mir keine Märchen!"

Liebe Leserinnen, liebe Leser, der gut gemeinte Appell an Sie lautet: „Lassen Sie sich keine Märchen aufbinden – und schon gar nicht im Berufsleben!

Entlarven Sie diese und kontern Sie unter Beibehaltung guter Umgangsformen. Kehren Sie zur ‚sauberen' Realität zurück."

Der Ratgeber soll Ihnen hierzu einige wertvolle Hinweise geben.

Guten Erfolg wünscht Ihnen

Horst Hanisch

Prolog

Offene und ehrliche Kommunikation

„Wir meinen, das Märchen und das Spiel gehöre zur Kindheit: wir Kurzsichtigen! Als ob wir in irgendeinem Lebensalter ohne Märchen und Spiel leben möchten!"

Friedrich Wilhelm Nietzsche, dt. Philosoph (1844 - 1900)

Gut zuhören – ohne sofort zu kritisieren

Die Unternehmensphilosophie vieler Unternehmen schreibt den sauberen, argumentativen Umgang in der Gesprächsführung vor.

Jeder darf und soll seine Meinung, seine Ideen und seine Vorstellungen äußern dürfen – ohne die Befürchtung kritisiert, ausgelacht oder ins Lächerliche gezogen zu werden.

Soweit die Theorie. Die Praxis zeigt häufig ganz andere Vorgehensweisen.

In Meetings werden die Äußerungen anderer ignoriert oder sofort zur Seite gewischt.

Abwertend geäußerte Meinungen treten auf. Es werden Behauptungen aufgestellt, die nicht belegt werden (können). Killerphrasen werden gezielt eingeworfen, um die Ideen anderer sofort ‚kaputtzumachen'.

In vielen Betrieben wird destruktiv kommuniziert und mit Scheinargumentationen gearbeitet.

Wertvolle Zeit verstreicht unproduktiv. Das Unternehmen blockiert sich durch die Toleranz solch eines Vorgehens selbst und behindert die zügige Erreichung der gesteckten Ziele.

Haben Sie liebe Leserin, lieber Leser, mit Kollegen und Kolleginnen oder Vorgesetzten zu tun, die in ähnlicher Art vorgehen?

Lassen Sie sich nichts vormachen! Befreien Sie sich von dieser Art der unprofessionell geführten Kommunikation.

Sitzen Sie nicht dem märchenhaft klingenden Geschwafel anderer auf.

Entlarven Sie leere Phrasen und manipulierende Behauptungen. Sorgen Sie für rhetorisch wertvollen Austausch von aussagekräftigen Argumentationen.

Verschieben Sie Märchen auf den ‚Erzähle-ein-Märchen-Tag', der alljährlich am 26. Februar begangen wird. In den USA ist dieser Tag sogar ein Nationalfeiertag mit Namen ‚Tell a Fairy Tale Day'.

Helfen Sie mit, Zeit in Meetings sinnvoll zu nutzen und vereinbarte Projekte voranzutreiben! Gestalten Sie Ihr Arbeitsumfeld rhetorisch professionell und profitieren Sie von einer zielführenden Kommunikation.

Szenario – Es war einmal ...

Aus dem täglichen Leben

Es war einmal ...

„Alle Märchen sind nur Träume von jener heimatlichen Welt, die überall und nirgends ist."

Novalis (Georg Philipp Friedrich Freiherr von Hardenberg), dt. Lyriker (1772 - 1801)

Vorschläge sind erwünscht – oder doch nicht?

Es war einmal ... ein mittelständiges Unternehmen in der dritten Generation. Seit etwa drei Monaten hat Frau Winterscheid die Leitung der Führungskräfte übernommen.

Frau Winterscheid übernimmt die Leitung

In ihrer Antrittsrede betonte Frau Winterscheid die geplante fruchtbare Zusammenarbeit im Team, bei der jede und jeder Beteiligte gleichberechtigt betrachtet und beachtet werden würde.

Die Führungskräfte wurden gebeten, sich aktiv in Planungen einzubringen, zu Verbesserungen beizutragen und am zielorientierten Vorankommen mitzuwirken.

Würde jemand Störungen, Hemmnisse oder Blockaden im Ablauf erkennen, war er eingeladen, die Beobachtungen zeitnah zu schildern.

Optimierungsvorschläge würden offen angehört werden. Jegliche Ideen wären willkommen und würden vom Team konstruktiv besprochen.

Jeder Vorschlag, sei er noch so kreativ oder unkonventionell, würde ohne Kritik angehört. Danach sollten gemeinsam Vor- und Nachteile erarbeitet werden, um anschließend abzustimmen, inwieweit unterbreitete Überlegungen umgesetzt werden könnten.

Soweit die lobenswerte Theorie.

Motivation stellt sich ein

Für die Mitarbeitenden hört sich das alles sehr gut und einladend an. Sie freuen sich auf die so geschilderte weitere Zusammenarbeit, könnten sie doch ihre eigenen Beobachtungen und Erkenntnisse, ihre teilweise langjährigen Erfahrungen einbringen.

Im eigenen Interesse sind sie davon angetan, an der zukünftigen Ausrichtung mitzuwirken.

Immerhin konnten sie sich so daran beteiligen, den eigenen Arbeitsplatz zu sichern und auf ihre berufliche Zukunft zu bauen.

Das erste Meeting offenbart die Wahrheit

Es dauert nicht lange, bis das erste Meeting stattfindet.

Gut gelaunt und erwartungsfroh treffen die Führungskräfte nach und nach zur vereinbarten Zeit im Konferenzraum ein.

Sie haben am geräumigen runden Besprechungstisch Platz genommen. Frau Winterscheid ergreift das Wort, begrüßt die Anwesenden, gibt einige Informationen zu den Arbeiten der vergangenen Tage.

Schließlich fordert sie die Anwesenden auf, Überlegungen zur Verbesserung vorzuschlagen.

Es dauert eine Weile, bis sich – recht zögerlich – Herr Kaltenbach zu Wort meldet.

„Ich habe mir überlegt, wie wir Kosten einsparen könnten", äußert er vorsichtig.

Einige in der Runde lächeln über diese Einleitung, als wollten sie sagen: „Oh ja, ja, Leute entlassen oder mehr Arbeiten für dasselbe Geld."

„Aha, interessant", wirft Herr Kazmierczak mit leicht ironischem Unterton ein. Er ergänzt: „Da bin ich ja mal gespannt." Er zieht seinen Oberkörper nach hinten zurück und überkreuzt die Arme vor seiner Brust.

Die eingenommene Körperhaltung wirkt blockierend und skeptisch abwartend.

„Ausgerechnet du willst uns was über Kosten sparen erzählen?", fragt provozierend Frau Fürchtenicht. „Hast du nicht gerade eine neue Kaffeemaschine für dein Büro bekommen?" Einige Anwesenden lachen kurz auf.

„Nun lass ihn doch mal", unterbricht Frau Hamann. Es fühlt sich fast an, als müsse sie der Moderation beispringen, da sich Frau Winterscheid bisher nicht äußerte.

„Ja", fühlt sich Frau Winterscheid nun genötigt, einzuwerfen. Sie wendet sich an Herrn Kaltenbach und fordert ihn auf: „Na, denn mal raus mit Ihrem Vorschlag!"

Herr Kaltenbach räuspert sich und hebt zu seiner Erklärung an. „Ab Januar nächsten Jahres soll bekanntlich jeder von uns einmal wöchentlich seine Arbeit vom Homeoffice aus ausführen."

„Das ist ja was ganz Neues", wirft Herr Kazmierczak ein, mit einem breiten Grinsen im Gesicht. Einige kichern.

„Leute ...", mahnt Frau Hamann mit drohendem Unterton.

Herr Kaltenbach fährt fort. „Statt fünfmal wird jeder nur noch viermal pro Woche vor Ort sein."

„Rechnen kann er wenigsten", murmelt Frau Fürchtenicht für alle vernehmlich.

Herr Kaltenbach lässt sich nicht beirren. „Damit werden die Büros nur noch zu 80 % genutzt. Oder anders ausgedrückt: 20 % der Bürofläche wird zukünftig nicht mehr genutzt."

Einige Anwesenden schauen überrascht auf. Obwohl die Überlegung folgerichtig scheinen, haben sie in dieser Richtung noch gar nicht darüber nachgedacht.

„Dann kann ich wenigstens lüften, wie ich will", meint Herr Knopf mit Blick auf seine Kollegin Frau Andernach, die bekanntlich am liebsten immer alle Heizkörper aufdreht. Einige der Anwesenden nicken zustimmend.

„Was ich meine", nimmt Herr Kaltenbach erneut seine Worte auf „ist, dass wir ein Fünftel aller Büros in Zukunft nicht mehr benötigen. Wir könnten uns räumlich verkleinern."

Herr Kaltenbach legt seine Hände nebeneinander vor sich auf die Tischplatte und senkt den Blick. Er hat gesagt, was er wollte und wartet nun auf die Reaktion.

„Mein Büro gebe ich sicher nicht ab!", ruft einer.

„Sollen wir jetzt jedes fünfte Büro abschließen und uns in die anderen zusammenquetschen?", meint ein anderer aufgeregt.

„Ich lasse keinen anderen an meinen Rechner!", wirft eine Kollegin ein. „Weiß ich, was der auf meinem Computer anstellt?"

„So ein Quatsch! Gibt es nichts Wichtigeres zu tun, als sich solch einen Mist anhören zu müssen?", macht sich ein bisher anscheinend Unbeteiligter aus der Runde bemerkbar.

Ein hitziger Austausch untereinander – kreuz und quer – entsteht. Einzelne Wörter gehen im folgenden Tumult unter.

Realität – Leere Phrasen

Kreative Ideen zerstören

Bewährtes gewährt Sicherheit

„Märchen: Das uns unmögliche Begebenheiten unter möglichen oder unmöglichen Bedingungen als möglich darstellt."

Johann Wolfgang von Goethe, dt. Dichter (1749 - 1832)

Nichtssagende und kontraproduktive Aussagen

Neu eingestellte Mitarbeiterinnen und Mitarbeiter benötigen einige Wochen, um sich in die Gegebenheiten am neuen Arbeitsplatz einzuleben.

Sie lernen, mit den vorgegebenen Regeln umzugehen. Sie erfahren allmählich, welche ‚ungeschriebenen Gesetze' es gibt:

- „Wer das letzte Kaffeepulver verbraucht, bringt neues mit."

Der Weg zu einer möglichst reibungslosen Zusammenarbeit wird dadurch im Idealfall geebnet.

Gleichzeitig tauchen sie in die Dynamik der bisherigen Beschäftigten ein. Sie erkennen nach und nach, wer mit wem ‚gut kann', wo menschliche Spannungen aufgebaut wurden und welche Stärken und Schwächen Kollegen, Vorgesetzte und Mitarbeitende zeigen.

Diese Erkenntnisse sind wichtig, um nicht ungewollt in ein Fettnäpfchen zu treten oder immer wieder anzuecken. Der/die Neue findet nach einer Weile die eigene Positionierung im beruflichen Umfeld, in der sie sich einrichtet.

Sobald diese Position einigermaßen gefestigt ist, gilt es, diese nach außen zu verteidigen, zu festigen und zu sichern. Durch dieses Vorgehen kann relativ stressfrei gearbeitet werden. Es muss nicht befürchtet werden, dass eine andere Person die eigene Stellung strittig macht.

Beständiges, Bekanntes und Bewährtes helfen, den eigenen Stellenwert auszubauen und immer weiter zu festigen.

Gefahr für das bequeme Dasein?

Kommt nun ein anderer aus dem Unternehmen mit neuen, ungewöhnlichen, eventuell sogar kreativen Ideen, können diese das ‚eingefahrene' und bequeme Dasein stören.

Das Bisherige ist bekannt – die betreffende Person weiß damit umzugehen. Auf Neues muss sich zwangsläufig erst eingestellt werden, da das Bisherige möglicherweise angepasst werden müsste.

Manchmal scheint es in der Natur des Menschen zu liegen, im ersten Augenblick davon auszugehen, dass Neuerungen einen Nachteil bringen könnten.

Was liegt deshalb näher, als skeptisch, ablehnend oder zumindest abwartend auf neue Ideen zu reagieren?

Nicht umsonst kommt es deshalb zu Situationen, wie weiter oben beschrieben. Erst mal „Nein" sagen, dann

- „... schaun wir mal ...".
- „Es muss ja nichts übereilt werden."

Ablehnungsstrategien

Ablehnungen können in verschiedener Form demonstriert werden. Ein hartes „Nein" kann eventuell zu heftig wirken. Wie praktisch, dass es unterschwelligere Methoden gibt, seine Ablehnung zu zeigen.

Im Folgenden werden einige häufiger verwendete Techniken gezeigt. Zu diesen gehören:

1. Ignorieren – Überhören
2. Veralbern – Bewusst missverstehen – Sich lustig machen
3. Floskeln verwenden
4. Leere Phrasen benutzen
5. Killerphrasen einsetzen – „Das ist nun mal so"
6. Prioritäten setzen – Anderes ist wichtiger – Auf später verschieben
7. Abwertungen – „Sie sind zu jung" – „Ist ja gar nicht so relevant"
8. Statistik bemühen – Zahlengläubigkeit – Verallgemeinerungen
9. Behauptungen aufstellen – Lügen verbreiten
10. Bewusst fehlerhaft argumentieren
11. Forderungen abweisen, die niemand gefordert hat
12. Vernebelung der eigenen schwachen Argumente

Es folgen einige Beispiele, die zeigen, wie die aufgelisteten Techniken umgesetzt werden (können).

Ignorieren – Überhören

„Du stützt dich auf die Märchen der Ärzte: Sieh lieber hin, wie es wirklich aussieht und was die Erfahrung lehrt."

Michel Eyquem de Montaigne, frz. Philosoph (1533 - 1592)

Das Märchen des vermeintlichen Nicht-Wahrgenommenen

- „Gestern bin ich nach Berlin ..."

Wie würde der Satz durch ein angehängtes Wort zu Ende gebracht? Nun, vermutlich – oder zumindest mit hoher Wahrscheinlichkeit – mit „... gefahren".

Aufgrund des jahrelangen Trainings des menschlichen Gedächtnisses, kann dieses Lücken in der Wahrnehmung schließen. In diesem Fall war das Gehörte unvollständig, was durch die ‚automatisch' erfolgte Ergänzung vervollständigt wurde.

Tatsächlich könnte es aber sein, dass ein Angesprochener eine Frage oder eine Aussage nicht wahrgenommen hat.

Überhören und zu einem anderen Thema antworten

Herr Kaltenbach äußerte einem Gesprächspartner (zum Beispiel einem Vorgesetzten) gegenüber:

- „... dass wir ein Fünftel aller Büros in Zukunft nicht mehr benötigen."
- „Wir könnten uns räumlich verkleinern."

Der Vorgesetzte antwortet:

- „Unser Arbeitsaufwand wird immer größer. Seit die Regierung das Gesetz zur Nachhaltigkeit beschlossen hat, ist die Bürokratie immens gestiegen."
- „Wie sieht es bei Ihren Arbeiten aus?"

Der Vorgesetzte ist überhaupt nicht auf Herrn Kaltenbachs Aussage eingegangen. Weder, dass die angenommenen 20 % der Büros nicht mehr genutzt werden müssten, noch, dass eine räumliche Verkleinerung überlegenswert wäre.

Stattdessen beendet der Vorgesetzte seine kurze Ausführung mit einer Frage an Herrn Kaltenbach.

Dieser müsste/könnte auf die gestellte Frage eingehen. Gleichzeitig würde die Anregung der Verkleinerung aus dem kommunikativen Austausch beiseitegeschoben. Es würde überhaupt nicht mehr darauf eingegangen werden.

„Lassen Sie mich zuerst ..."

Wie häufig geschieht es, dass ein Journalist einem Politiker eine interessante Frage stellt. Der Zuhörer, der auf eine (auf-)klärende Antwort hofft, wird enttäuscht.

Denn: Der Interviewte hat gar kein Interesse, auf die gestellte Frage zu antworten. Er weicht aus.

- „Lassen Sie mich zuerst betonen, dass wir bisher ...", beginnt der Politiker seine vermeintliche Antwort.

Nun erläutert er Vergangenes (bewusst) umständlich, langatmig und entfernt sich immer mehr der gestellten Frage. Lässt der Interviewer ihn gewähren, wird seine ursprüngliche Frage nicht beantwortet.

Totales Ignorieren

Eine weitere ‚geniale' Variante ist, auf die eingangs gestellte Frage überhaupt nicht zu reagieren.

Herr Kaltenbachs Vorgesetzter tut so, als wäre überhaupt nichts gesagt worden.

Gegebenenfalls steht er sogar auf, geht zu einer anderen Stelle im Raum, holt dort etwas. Unter Umständen steigt er dann in einen ganz anderen Themenschwerpunkt wieder in den Dialog ein.

Der unterbreitete Vorschlag ist verschwunden.

Veralbern – Bewusst missverstehen – Sich lustig machen

„Unsere Jugend ist voll von Träumen und Märchen. Das ist ihr Glück und Unglück. Das ist ihr Gewinn und Verlust."

Hermann Otto Rudolf Presber, dt. Journalist (1868 - 1935)

Das Märchen des vermeintlichen Spaßes

Der zitierte Journalist Hermann Presber ist der Meinung, dass die Jugend voller Träume und Märchen ist.

Je jünger ein Mensch ist, desto weniger Wissen und Erfahrung kann er gesammelt haben. Sein Gehirn – dort das Gedächtnis – schafft es problemlos, kreativ zu denken und vor dem inneren Auge eine fabelhafte Welt, gefüllt mit Zauberern, Feen und Einhörnern entstehen zu lassen.

Es entfalten sich Supermänner, Monster und Eisköniginnen. Die märchenhaften Figuren haben ausgefallene Kräfte und Stärken, um den Heranwachsenden beeindrucken zu können.

Je älter der Mensch wird, desto deutlicher wird ihm klar, dass die Realität anders aussieht als die kreative Märchenwelt.

Der unterhaltsame, lebhafte und moralische Lerneffekt der Märchen bringt Erkenntnisse für das (junge) Leben. Wo bleiben diese wertvollen Erlebnisse im späteren, realen Leben?

Wer als Erwachsener träumend durch die Realität wandelt, dem drohen Unglück, Ausnutzung und Verletzung.

Natürlich soll das Leben nicht traurig und angstmachend verlaufen. Lachen, Spaß und Freude bringen positive Abwechslung in den Alltag.

Wer viel lachen kann, strahlt Freude und ein erfolgreiches Dasein aus. Er verbreitet eine angenehme Atmosphäre und trägt zur Anhebung guter Stimmung bei.

Das ist gut so.

Lächeln entwaffnet

- „Lächeln entwaffnet", behauptet der Volksmund.

Wer lächelt oder freundlich auftritt, meint es gut mit anderen – so wird unterstellt.

Es ist demnach nichts gegen eine gute Stimmung einzuwenden. Kritisch wird es dann, wenn aus dem freundlichen Zulächeln ein hämisches (mittelhochdeutsch ‚hana' für ‚Hülle', ‚Gesinnung verhüllend/verbergend', später ‚Schadenfreude offen zeigen') wird.

Nicht gut, wenn hinter dem Rücken einer Person über den Nicht-Anwesenden gelacht wird. Schlecht, wenn er ausgelacht wird.

Genauso schlecht ist es, wenn er sogar in seiner Anwesenheit lächerlich gemacht wird.

Jemand macht sich lustig über den anderen. Offensichtlich ist hier die Aversion (lat. ‚aversio' für ‚Abwendung/Abneigung') so weit gestiegen, dass alle Achtung vor der betroffenen Person verloren gegangen ist.

Im Gegenteil: Es wird sich gar keine Mühe mehr gemacht, die Verachtung zu verbergen.

Nun wird es in Meetings nicht zwangsläufig so extrem ablaufen. Das Wort Mobbing stände sofort im Raum. Also wird etwas unterschwelliger vorgegangen.

Der Belächelte hat eine Äußerung getätigt. Hier werden einige mögliche Reaktionen gezeigt.

Nur nonverbale Reaktion

- Lächeln, ohne ein Wort auszusprechen. Lächeln, wie zu einem Kind, das gerade berichtet, ein weißes Einhorn gesehen zu haben.

  Das Lächeln trägt ein bedauerndes ‚Wissen' aus. „Ja, ja, ich weiß schon ..."

- Lächeln mit gleichzeitig ablehnendem Kopfschütteln mit der Bedeutung:

  „Na, das, was du gesagt hast, ist Unfug/stimmt nicht."

  „Das weiß doch jeder. Was willst du uns vormachen?"

- (Auf-)lachen, das in einem kurzen „Ha" hörbar wird. Der Rest des Satzes wird nur geahnt oder vom inneren Ohr gehört.

  „Ha, was soll das bedeuten?"

  „Das kann doch nur als Spaß gemeint sein."

Nonverbale und verbale Reaktion

- Lachen mit verbaler Ergänzung. Die Gedanken werden ausgesprochen.

  „Dass gerade Sie das sagen!" „Das wundert mich überhaupt nicht."

  „Das finde ich ja lustig!" „Weiß doch jeder, dass Ihre Idee nicht klappen kann."

- Laut lachen mit ‚Veralberung' (mittelhochdeutsch ‚alawari' ursprünglich ‚freundlich', später ‚alwære' für ‚einfältig').

  „Ja, dann könnten wir auch gleich nach Gold schürfen."

Der Wandel des Wortes albern über die Jahrhunderte hinweg von freundlich zu einfältig ist aussagekräftig. Der Gesprächspartner wird als einfältig angesehen.

Einfältig steht im Gegensatz zu vielfältig. Der Vielfältige ist flexibel und hat viele Ideen, wie vorgegangen werden könnte. Der Einfältige denkt ‚flacher' und sieht viele Optionen, die das Leben bietet, nicht.

Bewusstes Missverstehen

Bleibt schließlich noch die Variante des bewussten Missverstehens. Es wird nicht etwa Wahrgenommenes ergänzt (siehe oben), sondern sehr wohl verstanden.

Es wird aber so getan, als wäre anderes verstanden worden.

- „Sie werden zukünftig mehr im Homeoffice arbeiten?"
- „Dann muss ich mir unbedingt ein neues, hochwertiges Head-Set besorgen, um gut verstehen zu können."

Herr Kaltenbach äußert:

- „Wir brauchen weniger Bürofläche."

Der Vorgesetzte antwortet:

- „Wir brauchen weniger Bürofläche?"

  „Dann können wir immer zwei oder gar drei Personen in einem Büro unterbringen."

Wer einen Vorschlag unterbreitet, über den sich lustig gemacht wird, braucht starke Nerven, um nicht sofort mit hochrotem Kopf aufzugeben.

Gut, wenn er stichhaltige Argumente parat hat, mit denen er seinen Vorschlag untermauern kann.

Wer spürt, dass er selbst belächelt oder gar veralbert wird, braucht noch mehr Selbstbewusstsein, um seine eigene Meinung zu vertreten. In solchen Situationen fachlich ‚sauber' zu bleiben, zeugt von Stärke.

Sich auf sinnlose Rechtfertigungen einzulassen wird in der Regel nicht zum Ziel führen.

Floskeln verwenden

„Die Veilchen kichern und kosen, und schaun nach den Sternen empor. Heimlich erzählen die Rosen sich duftende Märchen ins Ohr."

Christian Johann Heinrich Heine, dt. Dichter (1797 - 1856)

Das Märchen der vermeintlichen Höflichkeit

Wer im Zusammensein sein Gegenüber anlächelt, signalisiert nonverbal, ihm freundlich gesinnt zu sein. Gute Umgangsformen, freundliches Miteinander und zeitgemäße Höflichkeit fördern bekanntlich das soziale Zusammensein.

Wer ‚finstere' Pläne hegt, wird sein Gegenüber höchstwahrscheinlich nicht anlächeln (können). Damit ist das Gegenüber gewarnt.

Perfide wird es, lächelt die Person und sticht dem Gesprächspartner (bildhaft gesprochen) gleichzeitig von hinten mit dem Messer in den Rücken.

Es erweist sich als Märchen anzunehmen, in jedem Menschen stecke (nur) Gutes. Es gäbe niemanden, der anderen Böses antun wolle. Wer so denkt, scheint ‚blauäugig' zu sein.

Ganz so extrem mag es bei Floskeln nicht zugehen. Floskeln vermitteln einen höflichen Umgang. Ist der Umgang vorgespielt oder echt?

Der lockere Smalltalk

Im gesellschaftlichen, zwanglosen Zusammentreffen müssen nicht zwangsläufig jederzeit tiefgreifende Diskussionen entstehen. Ein oberflächlicher, aber freundlich wirkender Smalltalk nutzt, Bekanntschaften zu pflegen und zu binden.

Der lockere Smalltalk hilft weiterhin, sich mit anderen auszutauschen, Kontakte zu knüpfen, sich auf die kommende Veranstaltung/Aktion einzustellen und anderes mehr.

Der Smalltalk mag sich zwar oberflächlich anhören, hat allerdings doch einen berechtigten und wichtigen Stellenwert, festigt er doch Beziehungen oder baut diese aus.

Das bezieht sich auf Beziehungen beruflicher wie privater Art, sei es mit potentiellen Gesprächspartnern oder mit dem Nachbarn von nebenan.

In dieser harmlos klingenden Kommunikation des Smalltalks sind oft Wortkombinationen zu hören, die ‚einfach so' in den Raum geworfen scheinen.

Das soll folgender floskelhafte Austausch unter zwei Kollegen darstellen. Die Kollegin sitzt bereits im Büro, der Kollege tritt ein.

- Der Kollege grüßt: „Guten Morgen, wie geht es Ihnen heute?"
- Die Kollegin reagiert: „Danke gut, und Ihnen?"
- Der Kollege: „Alles in Ordnung. Ich wünsche Ihnen einen schönen Tag."
- Die Kollegin: „Ihnen auch."

Freundlich eingestimmt geht jeder seiner Arbeit nach.

Die beiden Kollegen haben sich gegenseitig ‚wahrgenommen' und dadurch ihre soziale Bindung gefestigt.

Im unwahrscheinlichen aber trotzdem möglichen Katastrophenfall wissen beide um die Anwesenheit – und damit wahrscheinliche Unterstützung – des anderen.

Der scheinbar harmlose und flache Austausch hat einen tieferen psychologischen Zweck, als oberflächlich betrachtet angenommen werden könnte.

Bekanntlich könnte der Mensch allein nicht auf der Erde überleben. Er benötigt den Austausch, das Miteinander, die gegenseitige Unterstützung.

Durch den floskelhaften Austausch der Kollegen wird dieses Wohlwollen bestätigt.

Es vermittelt das Gefühl der Sicherheit.

Der harmlos wirkende Smalltalk hat offensichtlich seine Berechtigung.

Höflichkeitsfloskel

Nun stellt sich eine fast nicht zu beantwortende Frage: War der geäußerte Wunsch nach einem schönen Tag ‚von Herzen' ehrlich gemeint?

Oder erfolgte die Frage lediglich deswegen, ‚weil es so üblich ist'?

Im zweiten Fall läge dann eine höfliche Floskel vor – eine sogenannte Höflichkeitsfloskel.

Floskeln dieser Art gelten in der Regel sowieso als höflich. Die Floskel war den alten Römern bereits bekannt. Das lateinische ‚flosculus' stand für ‚Blümchen'. Werden durch eine Floskel rhetorische Blumen überreicht? Das Blümchen wiederum galt und gilt als Zierrat einer Rede.

Das dabei verwendete und angestaubt klingende Wort ‚Zierrat' zeigt einen älteren, früheren Gebrauch. Das Wort stammt aus dem mittelhochdeutschen ‚zierot', in dem sich die ‚Zier' versteckt.

- „Bescheidenheit ist eine Zier, doch weiter kommt man ohne ihr."

Das behauptet zumindest der Volksmund. Aber vielleicht hilft die Zier doch, ein etwas angenehmeres Zusammensein zu erzielen.

Das Wort Zier steht für Verzierung, für kunstvolle Ornamente, manchmal für gedanklich – aus heutiger Sicht – übertriebene Schnörkel. Demnach steht Zier für etwas, was nicht unbedingt notwendig ist, aber eine Sache – oder das Zusammensein – schöner beziehungsweise harmonischer gestaltet.

Daraus folgt: Floskeln schmücken (unabhängig der sozialen Bindung) die – wichtigere, möglicherweise später folgende – Aussage einer Nachricht, eines Dialogs oder eines Vortrags.

So ist gegen nette Floskeln offensichtlich nichts einzuwenden, dienen sie doch dem Auf- und Ausbau einer positiven Atmosphäre.

In diesem Rahmen sind Floskeln gut eingesetzt. Im Falle der Ablehnungsstrategie haben sie eine etwas andere Absicht.

Sie werden geäußert, um etwas ‚Nettes', Harmloses oder Zustimmendes zu äußern. Allerdings ohne jegliche Folgen.

Lässt sich der Gesprächspartner täuschen, freut es ihn, dass sein Vorschlag so positiv aufgenommen wurde. Möglicherweise wartet er nun auf zielführende Vorschläge oder Aktionen der anderen.

Er wird umsonst warten. Es wird nichts geschehen.

Es werden keine Aktionen mit den Floskeln verbunden. Es werden keine Zugaben gegeben und es wird keine Aktion (keine Handlung) ausgelöst.

Herrn Kaltenbachs Vorschlag

Herr Kaltenbach unterbreitete weiter oben den Vorschlag:

- „Ich habe mir überlegt, wie wir Kosten einsparen könnten."

Einige der Anwesenden werden nun – höflich klingende – Floskeln einwerfen, wie zum Beispiel:

- „Interessant."

  (‚Interessant' klingt freundlich, nett, interessiert. Es klingt aber nur so.)

- „Hört sich gut an."

  (Hört sich im ersten Moment wie eine positive Zusage an, steht aber nicht für eine Zusage.)

- „Theoretisch betrachtet klingt das gut."

  (In der Praxis nicht?)

- „Wo es hinpasst."

  (Klingt auch positiv – aber hier scheint es nicht hinzupassen.)

- „Cool bleiben."

  („Immer ruhig und zurückhaltend bleiben. Nichts überstürzen." „Eins nach dem andern." Nichts überstürzen, keine Aktion.)

- „Nichts dagegen einzuwenden."

  (Das ist schön. Und weiter? Eine Aktion erfolgt nicht.)

- „Es kommt, wie es kommt."

  (Frei übersetzt nach dem Kölner Motto: „Et kütt wie et kütt." Übersetzt: „Mache dir keine Sorgen, habe keine Angst. Du hast sowieso keinen Einfluss auf die Zukunft. Deshalb musst du auch nicht aktiv werden.")

- „Soweit, so gut."

  (Bis hierher in Ordnung – es ist ja auch noch nichts passiert. Alles Weitere ist vorerst uninteressant.)

- „Aus den Augen, aus dem Sinn."

  („Was wir nicht sehen, betrifft uns nicht." „Andere werden sich darum kümmern." Demnach gibt es keinen Handlungsbedarf.)

- „Dumm gelaufen."

  (Daran lässt sich nichts mehr ändern. „Fehler passieren nun mal." Was geschehen ist, ist vorbei. Über die Vergangenheit muss nicht weiter nachgedacht werden – und für die Zukunft auch nicht.)

- „Da ist was dran ..."

  (Zustimmende Feststellung ohne Konsequenz.)

Die Floskeln klingen nicht sofort abweisend – im Gegenteil. Allerdings ist auch nicht zu erwarten, dass nun eine Aktion im Sinne des Vorschlags erfolgen könnte. Es bleibt alles beim Alten. Der Vorschlag läuft ins Leere.

Die in Klammern gesetzten Deutungen sind beispielhaft gemeint. Allen soll aber gleich sein, dass keinerlei Handlung ausgelöst wird.

Herr Kaltenbach sollte sich nicht täuschen lassen. Die vermeintlich herausgehörten Zustimmungen sind wertlos.

Leere Phrasen benutzen

„Das Märchen hat denselben pädagogischen Wert wie das Spiel. Es bringt mit seinem Außergewöhnlichen und Wunderbaren der kindlichen Einbildungskraft eine ganz neue, bisher unbekannte Welt, die durch einen poetischen Zauber verklärt ist."

Hermann Kietz, dt. Pädagoge
(1831 - um 1900)

Das Märchen der vermeintlichen Zustimmung

Bei den Phrasen liegt der Vergleich zum Märchen nahe, eine vermeintliche Zustimmung zu zeigen. In Wirklichkeit stimmen Phrasen keineswegs zu.

Im Gegenteil, sie drücken unter Umständen genau das Gegenteil des gemachten Vorschlags aus.

Die alten Griechen kannten das Wort ‚phrasis', was für ‚das Sprechen' stand. Eine Phrase ist eine nichtssagende, leere Aussage, ähnlich der Floskel.

Die Phrase wird unter Umständen als hohl, albern oder belanglos in Zusammenhang gesetzt.

Im hiesigen Sprachgebrauch werden Floskeln und Phrasen oft gleichgesetzt.

Bei den vorliegenden Überlegungen wird bewusst ein Unterschied gezogen. Bei den folgenden Phrasen sind immer nur die ersten Wörter geäußert, wobei diese noch keinen Satz ergeben.

- „Im Großen und Ganzen ..."
- „Unter bestimmten Voraussetzungen ..."
- „Vom Prinzip her ..."

Manchmal wird ein zustimmendes Kopfnicken gezeigt. Dieses nonverbale Verhalten deutet auf eine Bestätigung hin und verstärkt die genannte Aussage.

Gegebenenfalls werden die angefangenen Sätze verbal vervollständigt (so wie beispielsweise in Klammern angegeben).

Hinweis: Der zweite Satzteil wird ausgesprochen, könnte aber auch lediglich gedanklich fortgesetzt werden.

- „Praktisch gesehen …"

  („… müssen dazu viele überzeugt werden.")
- „Genau betrachtet …"

  („… finden sich viele unausgegorene Schwierigkeiten.")
- „Im Interesse aller …"

  („… sollten wir überlegen, ob …")
- „Beim besten Willen …"

  („… werden wir es gerne ausprobieren, haben augenblicklich ein anderes Problem.")
- „Im Großen und Ganzen …"

  („… nimmt das keinen Einfluss.")
- „Langfristig gesehen …"

  („… muss sich das amortisieren.")
- „Unter bestimmten Voraussetzungen …"

  („… ließe sich darüber nachdenken.")
- „Vom Prinzip/Grundsatz her …"

  („… mag das o. k. sein, aber … „)

Das ins Gegenteil verdrehende ‚aber'

Formulierungen, die in dieser Art beginnen, werden gern mit einer Einschränkung oder einem „aber" versehen.

- „Genau betrachtet nicht schlecht, aber …"
- „Im Großen und Ganzen ein überlegenswerter Gedanke, aber …"
- „Langfristig gesehen denkbar, aber …"

Auch bei diesem Beispiel ist schnell erkennbar, dass der unterbreitete Vorschlag nicht so wohlwollend aufgenommen wird, wie angenommen.

Das eingesetzte ‚aber' wandelt den ersten – positiv wirkenden – Satzteil ins Gegenteil.

- „Langfristig gesehen denkbar, aber passt das in die heutige Zeit?"

Das scheinbar begründende ‚deshalb'

Um dem Vorschlagenden durch das ‚aber' nicht sofort erkennen zu geben, dass der Vorschlag abgelehnt wird, kann statt ‚aber' besser ‚deshalb' oder ‚weshalb' eingesetzt werden.

- „Im Großen und Ganzen ein überlegenswerter Gedanke. Deshalb sollten wir die Gesetzeslage erst einmal genau prüfen."
- „Langfristig gesehen denkbar, weshalb wir das Mittelfristige (zuerst) krisenfest ausbauen müssen."

Ebenso wird bei dieser Art der Formulierung klar, dass der ursprüngliche Vorschlag (deutlich) abgelehnt wurde.

Phrasendrescher

In diesem Zusammenhang sei auf das Wort Phrasendrescher hingewiesen. Ein Phrasendrescher ist jemand, der zwar viel redet, überwiegend aber mit nichtssagendem Inhalt. Es handelt sich um sogenannte ‚leere Phrasen'.

Der Phrasendrescher redet und redet. Allerdings überwiegend Sinnloses oder Belangloses. Zuhörende verdrehen die Augen, kennen sie die Phrasen durch ständige Wiederholungen sowieso. Es ändert sich aufgrund ‚des Dreschens' nichts.

Das Ziel bei verwendeten Phrasen ist: Nichts verändern! Es soll sich nichts ändern!

Auf keinen Fall darf etwas an der vorhandenen und bequem eingerichteten Situation verändert werden.

Hier hat sich jeder bequem eingerichtet. Aus dieser angenehmen Situation soll nicht abgerückt werden.

- „Soll Herr Kaltenbach mit seinen Vorschlägen kommen, wenn er möchte. Mich interessieren sie (vorerst) nicht."
- „Das Bisherige funktioniert gut. Es gibt keinen Grund einer Veränderung"
- „Ein gut laufendes System bedarf keiner Anpassung.

Der britische Fußballtrainer Sir Alfred ‚Alf' Ernest Ramsey (1920 – 1999) äußerte 1966 folgenden Satz:

- „Never change a winning team." (Sinngemäß: „Verändere niemals ein Gewinner-Team.")

Ähnlich ist folgender Satz zu deuten:

- „Never change a running system." („Verändere niemals ein laufendes System.")

Auch hier ist klar, dass ein bisher (gut) laufendes Vorgehen bestehen bleiben soll. Jeder Beteiligte weiß, wie er vorzugehen hat.

Wer weiß, ob möglicherweise neu Eingeführtes Unruhe in den bisherigen Ablauf bringen wird. Wer weiß, ob die vom Einzelnen (über einen langen Zeitraum) erworbene Bequemlichkeit nicht plötzlich infrage gestellt oder sogar abgeschafft wird?

Sicher ist sicher. Deshalb lieber beim Althergebrachten bleiben.

- „Früher war alles besser."

Klingt es nicht wie ein Märchen, sollte es in Zukunft noch besser werden?

Killerphrasen einsetzen – „Das ist nun mal so"

„Wie jammervoll und nüchtern erscheint mir eine Kinderstube, aus der das Märchen verbannt ist."

Marie Freifrau von Ebner-Eschenbach, österr. Schriftstellerin (1830 - 1916)

Das Märchen der vermeintlichen Hilfestellung

Freifrau von Ebner-Eschenbach stellt sich die Kinderstube ohne Märchen grauenvoll vor. In den Familien der vorigen Jahrhunderte war es üblich, Märchen, Legenden und Geschichten zu erzählen. Vergangenes sollte mental in Erinnerung bleiben. Sie wurden von Generation zu Generation weitergetragen.

Außerdem übernahmen die Märchen einen belehrenden und warnenden Part der Erziehung.

- „Und die Moral von der Geschicht ..." am Ende des Märchens, führt die erkannte Moral noch einmal deutlich vor Augen.

Waren Märchen also hilfreich oder gar notwendig für die Erziehung der Nachkommen? Musste es so viel Böses und Grausames in den Märchen geben, um den jungen Menschen aufzurütteln und regelrecht in Angst zu versetzen, sollte er den Weg der Tugend verlassen?

Das Cover zu diesem Ratgeber zeigt einen Ausschnitt aus einem Bild. Der Mann dreht dem Federvieh den Hals um. Eine – für damalige Zeit – realistisch in Szene, die heute grausam wirkt?

Im übertragenen Sinn gibt es dieses ‚Abwürgen' in der Kommunikation ebenso. Jemand äußert einen Vorschlag. Der Gesprächspartner ‚würgt' die Idee mit aller Gewalt ab – der Vorschlag ist obsolet (veraltet, nicht mehr verwendet).

Der Vorschlag ‚ist vom Tisch'.

Natürlich würde der Gesprächspartner in der heutigen Realität seinem Gegenüber nicht den Hals umdrehen. Er bedient sich subtiler (lat. ‚subtilis' für ‚fein'), unterschwelliger Methoden.

Dazu bietet ihm die Rhetorik die sogenannte Killerphrase. Über die Phrase wurde weiter oben geschrieben. Nun wird das Wort ‚Killer' vorgesetzt.

Ein Killer ist ein Mörder, ein ‚kaltblütiger' Mörder.

Einer, der ohne emotionale Empfindung seiner Aufgabe nachgeht.

In der Kommunikation geschieht das (Er-)morden verbal. Eingesetzte Killerphrasen haben die gezielte Absicht, den geäußerten Vorschlag zu ‚töten'.

Herr Kaltenbach schlug vor, Büroräume einzusparen.

Klassische Killerphrasen

Das sind Killerphrasen, die fast immer ‚passen' und jede Idee sofort im Keim erwürgen:

- „Zu teuer!"
- „Kostet zu viel!"
- „Das geht nicht!"

Kinderphrasen mit Scheinargument

Diese Killerphrasen führen einen angeblichen Grund auf, weshalb der Vorschlag nicht greift.

- „Das klappt bei unserer Personalstruktur nicht."
- „So eine Idee haben wir schon mal verworfen."
- „Das bringt uns keinen Vorteil."

Für Unbedarfte klingt es so, als habe die Absage einen Grund.

Unqualifizierte Killerphrasen

Schließlich gibt es die dritte Gruppe der ganz abwertenden Phrasen, durch ein unqualifiziert geäußertes Wort wie:

- „Unfug!"
- „Blödsinn!"
- „Quatsch!"

Der Vorschlag ist mit einem Wort ‚gekillt'.

Herr Kaltenbach und alle in vergleichbarer Konstellation sollen sich nicht wie ‚dummes' Federvieh behandeln lassen. Das heißt auch, dass sie ihren Vorschlag nicht durch eine unqualifizierte Killerphrase den ‚Hals umdrehen' lassen sollen.

Einwandbehandlung gegen eine Killerphrase

Der Vorschlagende kann mit der Technik der Einwandbehandlung gegen eine Killerphrase vorgehen.

Der Angesprochene benutzte folgende Killerphrase:

- „So eine Idee haben wir schon mal verworfen."

Herr Kaltenbach greift diese Killerphrase auf und antwortet:

- „Gerade, weil wir die Idee schon einmal verworfen haben zeigt sich, dass der Gedanke vor längerer Zeit bereits im Raum stand. Deshalb sollten wir diesmal im Vorfeld den Vorschlag gut besprechen, bevor wir eine Entscheidung treffen."

Nun ist (erneut) die Möglichkeit gegeben, vernünftig über den Vorschlag zu diskutieren.

Übrigens: Vermeintlich Unabwendbares wird mit folgender Killerphrase ‚festgenagelt':

- „So ist es!"

Welch Märchen! Ist die Behauptung wirklich unveränderbar?

Prioritäten setzen – Anderes ist wichtiger – Auf später verschieben

„Ich liebe die Märchen der Philosophen.
Ich lache über die der Kinder, aber ich hasse die der Heuchler."

Voltaire (François-Marie Arouet Voltaire), frz. Philosoph (1694 - 1778)

Das Märchen der vermeintlichen Wichtigkeit

Eine weitere ‚geniale' Vorgehensweise derer, die gut gemeinte Vorschläge abblocken, fällt unter die Kategorie ‚Prioritäten setzen'.

Bildhaft gesprochen handelt es sich um eine Hierarchie in der To-do-Liste. Das, was wichtig(er) ist, genießt Vorrang.

- „Das Fertigstellen der Unterlagen für das morgige Gespräch mit dem Kunden hat absolute Priorität."

Plötzlich signalisiert ein Rauchmelder im Gebäude ein möglicherweise ausgebrochenes Feuer. Die eben ausgesprochene ‚absolute Priorität' gilt schlagartig nicht mehr. Nun hat die Brandbekämpfung einen höheren Stellenwert.

Dieses Beispiel soll zeigen, dass eine festgelegte Rangordnung der Wichtigkeit nicht in Stein gemeißelt sein muss. Die Liste bedarf ständiger Überprüfung und gegebenenfalls einer Anpassung.

Manchmal ist es auch nicht ganz eindeutig, welche Aktion eine höhere Priorität genießt. Das Wort Priorität (lat. ‚prioritas' für ‚Vorrang') drückt aus, dass eine Sache an erster Stelle der Erledigung steht.

Nach diesem Gedanken können zwei Aktionen nicht gleichrangig sein. In der Praxis vielleicht schon.

Herr Kaltenbach schlägt vor, die Bürofläche zu reduzieren. Eine mögliche Entgegnung lautet:

- „Wir müssen uns vorrangig um neue Beschäftigte kümmern."

Das ‚Kümmern um neue Beschäftigte' – höchstwahrscheinlich ist die Einstellung neuer Mitarbeiter gemeint – genießt Vorrang.

Die Anwerbung ist offensichtlich wichtiger als der Gedanke an die räumliche Kapazität – und somit gegebenenfalls Mietkosten zu sparen.

Der Vorschlag scheint damit ausgehebelt. Er scheint nicht mehr erwähnenswert, geschweige denn wichtig genug, um besprochen oder bearbeitet zu werden.

Erst – dann

Etwas anders sieht es aus, wenn die Bearbeitung des Vorschlags verschoben wird.

- „Wir müssen uns erst um neue Beschäftigte kümmern. Dann können wir uns den Raumkapazitäten zuwenden."

Erst – dann – drückt eine Reihenfolge aus. Zuerst das eine, dann das andere. Somit steht der eigene Vorschlag in greifbarer zeitlicher Nähe. Ist das so?

Wann ist ‚erst' erledigt, um ‚dann' aktiv werden zu lassen? Wann ist das ‚Kümmern um neue Beschäftigte' abgeschlossen? (Ab) wann kann gesagt werden, das ‚Kümmern' sei erledigt?

Ein Zeitpunkt scheint nicht festgelegt. Vielleicht dauert es Jahre, bis das Kümmern sein Ende findet.

Muss Herr Kaltenbach eine lange und undefinierte Zeit abwarten, bis sein Vorschlag zumindest einmal besprochen wird?

Was ist wichtiger?

Die Überlegung zur Wichtigkeit ist richtig. Sie ist in unterschiedlicher Situation vorzufinden.

Der aufgebrachte Bürger äußert sich in einem Interview auf der Straße gegenüber wie folgt:

- „Hat die Regierung nicht Wichtigeres zu tun, als jetzt darüber zu diskutieren, ob Zebrastreifen in Zukunft gelb gefärbt sein sollen?"

Aus Sicht des Bürgers genießt die Diskussion um Zebrastreifen eine geringe(re) Priorität. Anderes scheint wichtig.

Verschieben

Vorsicht auch bei Äußerungen von Entscheidern, die vorgeben:

- „Wir müssen vorerst auf das vegetarische Angebot in unserer Kantine verzichten."

Wann ist ‚vorerst' vorbei? Wann wird es das vegetarische Angebot wieder geben?

Ähnliches gilt für:

- „Lassen Sie uns zu einem späteren Zeitpunkt auf Ihren Vorschlag zurückkommen …"

Diese Aussage klingt wohlwollend und interessiert. Aber:

- „Gerade eben passt der Vorschlag nicht."

Der ‚spätere Zeitpunkt' ist nicht genau umrissen. Es ist nur bekannt, dass er <u>irgendwann</u> in der Zukunft liegt. Aktuell soll und muss sich nicht mit dem Vorschlag auseinandergesetzt werden.

Das Märchen der vermeintlichen Wichtigkeit und Priorität ist oft genau ein solches – ein Märchen. Somit hilft es in der Realität nicht weiter.

Herr Kaltenbach müsste den Mut haben, einen genau festgelegten Zeitpunkt zu erbitten/erfragen, um (eventuell) zuzustimmen.

Der Gesprächspartner wird allerdings alles daransetzen, diesen Zeitpunkt so weit wie möglich zu halten. Nicht vergessen: Vorerst will er auf Herrn Kaltenbachs Vorschlag hier nicht eingehen.

Also würde er zum Beispiel entgegnen:

- „Das ist schwer zu sagen."
- „Wir werden es sehen, sobald es soweit ist."

Abwertungen – „Sie sind zu jung" – „Ist ja gar nicht so relevant"

„‚Es war einmal' – wie es im Märchen heißt – wie hoffnungsfreudig das die Jugend preist! Und wie macht es dem Alter Wehmutsqual, das unerbittliche ‚Es war einmal'!"

Albert Roderich, dt. Dichter (1846 - 1938)

Das Märchen der vermeintlichen Unterstützung

- „Das können Sie nicht wissen, dafür sind Sie viel zu jung."

Wohlwollend lächelnd nickt der Vorgesetzte der jungen Mitarbeiterin zu und klopft ihr ebenso wohlwollend – natürlich nur bildhaft – und motivierend auf die Schulter.

Tja, was soll die Mitarbeiterin antworten? An ihrem Alter beziehungsweise ihrer Jugend kann sie nichts ändern. Sie ist nun mal so alt, wie sie ist.

Würde das Argument ‚zu jung sein' zählen, könnten alle von der jungen Mitarbeiterin eingereichten Vorschläge abgetan, das heißt abgelehnt werden.

Übertragen auf die berufliche Zusammenarbeit wären demnach in allen Unternehmen die Vorschläge der Jüngeren wertlos. Kann das sein?

Die Mitarbeiterin könnte geschickt kontern, zum Beispiel mit:

- „Gerade, weil ich noch so jung bin, bin ich mit meinen Gedanken noch nicht so eingefahren oder festgelegt."

Oder:

- „Gerade, weil ich noch so jung bin, betrachte ich vieles aus einem ganz anderen Blickwinkel."

Lustiger- oder tragischerweise gibt es das ‚Alters-Argument' auch bei älteren Menschen.

Beim Austausch mit einer älteren Person:

- „Bei der Kommunikation der nachwachsenden Generation mit ihrer Jugendsprache lässt sich als reifer Mensch gar nicht mithalten. Dafür sind Sie viel zu alt."

Der ältere Mensch könnte nun mit seinen langjährig gesammelten Erfahrungswerten kontern, die ein junger Mensch aufgrund seiner geringeren Lebensjahre noch nicht gesammelt haben kann.

Die Abwertungen aufgrund der Jugend/des Alters sind sowieso infrage zu stellen. Sie entsprechen kaum den Gedanken der Gleichstellung und Gleichbehandlung beziehungsweise der Nicht-Benachteiligung aufgrund des Alters.

Nicht so relevant

- „Das ist doch gar nicht so relevant", meint der Vorgesetzte.

Hier wird die Relevanz (relevant = bedeutungsvoll) nicht gesehen – oder soll nicht erkannt werden. Sozusagen ein gegenteiliges Verhalten im Vergleich zu der weiter oben gezeigten Priorität.

Ist etwas nicht so maßgeblich, sackt es auf der Prioritätenliste nach unten, gegebenenfalls ganz nach unten.

Das dort Eingeordnete muss weiter nicht beachtet werden. Oft geht der Gedanke verloren, da er aus dem Blickfeld verschwindet.

Kleinreden

Nachdem Herr Kaltenbach seinen Vorschlag zur Reduzierung der Büros vortrug, meint der Vorgesetzte:

- „Ob wir nun in neun oder in zehn Büros arbeiten, ist gehopst wie gesprungen."

Abgesehen davon, dass es sich bei neun von zehn nicht mehr um 20 %, sondern nur noch um 10 % handelt, was schon eine Abwertung als solcher gleichkommt, scheint der Unterschied von neun auf zehn gering, also nicht beachtenswert.

- „Das betrifft gerade mal ein Prozent der in Deutschland lebenden Bevölkerung", behauptet der Politiker.

Nur ein Prozent, das ist nicht viel. Das klingt wenig. Von ca. 8.000.000 Menschen in Deutschland ausgehend, entspricht ein Prozent immerhin ca. 800.000 Menschen. Keine Kleinigkeit mehr.

- „Solange wir Umsatz generieren, kann uns nichts umhauen", meint der Verantwortliche.

Na, wenn er sich da mal nicht täuscht ...

Die heutige Zeit verlangt Flexibilität und muss schnell – und vernünftig – auf neue Gegebenheiten reagieren (können).

Statistik bemühen – Zahlengläubigkeit – Verallgemeinerungen

„Märchen heißt nicht Mangel an seelischer Logik, Märchen heißt nur bis ans Äußerste dehnbare Menschlichkeit.“

Friedrich Martin Adalbert Kayssler, dt. Schauspieler (1874 - 1945)

Das Märchen der vermeintlichen Unbestechlichkeit

- „Ich glaube nur der Statistik, die ich selbst gefälscht habe.“

Dieses Zitat wird dem britischen Premier Sir Winston Leonard Spencer-Churchill (1874 – 1965) zugeschoben. Seinen Worten folgend kann angenommen werden, dass statistische Angaben infrage zu stellen sind.

Erzählt die Statistik Märchen?

Die Zahlen stimmen

Interessanterweise glauben die meisten Menschen in hiesiger Kultur unkontrolliert jeglicher statistischer Angabe.

Wird in den Raum gestellt, 73 % der Beschäftigten in Stuttgart hätten schon einmal ‚blau gemacht‘ und sich ohne Gesundheitseinschränkung krankgemeldet, zweifelt kaum einer diese Zahl an.

Vielleicht wird geäußert:

- „So viel hätte ich nicht gedacht.“

Oder:

- „Habe ich auch schon mal gemacht.“

Kaum jemand macht sich die Mühe, die Quelle dieser genannten Prozentzahl zu erfahren.

Die in diesem Beispiel gewählte Zahl ist vollkommen aus der Luft gegriffen. Dem Autor liegen diesbezüglich keine Angaben vor. Entschuldigung an alle nicht schummelnden Stuttgarter.

Unterstellt, dass nicht bewusst falsche Zahlen eingesetzt werden oder ein Rechenfehler vorliegt, stimmen die meisten angegebenen Statistiken, zumindest in etwa.

Die Frage ist lediglich, wie das dargestellte Ergebnis gedeutet werden kann.

Mehrheit

Im Unternehmen wurde bei 100 Mitarbeitern eine Umfrage durchgeführt. Das Ergebnis wird veröffentlicht:

- „Die Mehrheit ist dafür."

Demnach müssten mindestens 51 % der 100 Befragten ‚pro' gestimmt haben.

51 dafür	49 dagegen

Tatsächlich haben 10 Befragte keine Meinung abgegeben.

46 dafür	45 dagegen	10 enthalten

46 sind dafür. Eine Mehrheit? Eine Mehrheit von 100 (müssen mindestens 51 sein). Eine Mehrheit der gültigen Stimmen: Ja.

Nun haben 90 Befragte keine Meinung abgegeben:

6 dafür	4 dagegen	90 enthalten

Ist immer noch die Mehrheit dafür?

Es zeigt sich an diesem Beispiel deutlich, dass die ‚Mehrheit' ganz unterschiedlich gedeutet werden kann.

Die Bundesanstalt für Landwirtschaft und Ernährung gibt am 1. Dezember 2021 folgende Angabe für das Jahr 2020/2021 aus:

Pro Kopf wurde im gemessenen Zeitraum 83 kg Getreidemehl verbraucht.

Wird bei dieser Zahl von einer Bevölkerung von 83.100.000 Menschen ausgegangen (2022)?

Verbraucht tatsächlich jeder in Deutschland Lebende 83 kg? Jeder Säugling, jeder im Koma liegende Mensch?

Wird das Mehl gemessen, das produziert oder verkauft wurde?

Was passiert mit dem Mehl, das versehentlich verschüttet wird, vor oder nach der Verarbeitung weggeworfen wird? Zählt es bei den angegebenen 83 kg mit?

Willkürliche Zahl vorgeben

In einem fiktiven Unternehmen sitzen die Führungskräfte zusammen. Sie unterhalten sich über ihre Produkte, die aus Einsparungsgründen teilweise die bisherigen Qualitätsmerkmale nicht mehr gänzlich erfüllen.

Nun wird überlegt, ob und in welchem Maß die Bevölkerung/Kunden informiert werden soll.

Eine Führungskraft meldet sich zu Wort.

- „80 % der Kunden bemerken den Unterschied sowieso nicht."

Die Zahl ist willkürlich aus der Luft gegriffen und stimmt bestenfalls mit der subjektiven Einschätzung des Sprechers überein.

Schon schwebt eine Prozentzahl – 80 % – im Raum.

Einige mögen die Zahl zu hoch, zu niedrig oder gar passend einschätzen. Nicht vergessen: Die Zahl entbehrt jeglicher Untersuchung.

Eine andere Führungskraft sagt:

- „Ich glaube, es sind höchstens 70 %."

Ein Dritter wirft ein:

- „Vielleicht kriegen sogar 90 % nichts mit."

Interessanterweise beziehen sich die weiteren Einschätzungen rund um die subjektiv geschätzten 80 %.

Sollten sich die Führungskräfte auf eine Zahl einigen können, wird diese höchstwahrscheinlich nahe der genannten 80 % liegen. Alle daraufhin folgenden Überlegungen beziehen sich auf die erstgenannten 80 %.

Wie können die dann getroffenen Entscheidungen richtig sein?

Ein interessantes Phänomen ist zu beobachten. Würde die erste Führungskraft statt 80 % beispielsweise 30 % sagen („30 % der Kunden bemerken den Unterschied sowieso nicht."), würde sich infolge die Diskussion um die willkürlichen 30 % drehen.

Wer als erste Person eine Zahl in den Raum wirft, bestimmt zumindest annähernd die Zahl, über die nun diskutiert wird.

Verallgemeinerung

Rhetorische Verallgemeinerungen werden erkennbar durch Wörter wie: alle, keiner, nie, jeder, ...

Ein Teilnehmender sagt:

- „Das weiß sowieso jeder, dass ..."

Wirklich ‚jeder'? Jedes Schulkind, jeder Europäer, jeder Maori (Angehörige der indigenen Bevölkerung Neuseelands)?

Das ist höchst unwahrscheinlich, dass tatsächlich <u>jeder</u> dasselbe Wissen teilt.

Der Teilnehmende wählt das Wort ‚jeder' aus zwei möglichen Gründen:

1. Er nimmt wirklich an, dass ‚jeder weiß'.
2. Er verallgemeinert, um seine Aussage generell zu stützen, zu unterstützen.

Falls einer in der Runde ‚nicht weiß' kommt er sich möglicherweise dumm vor. Muss er doch annehmen, dass <u>alle</u> anderen um ihn herum (besser) informiert sind.

Um sich nicht der Kritik der Verallgemeinerung stellen zu müssen, wird der rhetorisch Geschickte die Pauschalierung einschränken. Zum Beispiel so:

- „Fast alle ..."
- „Kaum einer ..."
- „So gut wie nie ..."

Durch diese Einschränkung lässt sich der Sprecher eine Art ‚Hintertürchen' offen. Er ist nicht mehr so angreifbar wie vorher.

Der eben Erwähnte aus der Runde, der ‚nicht weiß', fühlt sich nun nicht zwangsläufig dumm. Er betrachtete sich als derjenige, der unter die Einschränkung fällt.

- „Ach, wusste ich gar nicht."

Wer im Gespräch manipulieren will, kann sich frei aus dem Fundus märchenhafter Zahlen bedienen.

Wer als Gesprächspartner nicht aufpasst, wird schnell manipuliert. Wenn er das nicht will, müsste er direkt nach der Quelle der angegebenen Zahl fragen. Kann die Quelle genannt werden? Ist sie seriös? Ist sie (zeitlich betrachtet) aktuell?

Sieben auf einen Streich

So viele Fliegen „erledigte das tapfere Schneiderlein auf einen Streich".

Das menschliche Kurzzeitgedächtnis kann zwischen fünf und neun Begriffe aus derselben Kategorie speichern. Das sind im Schnitt sieben Begriffe. Das bedeutet, dass ungefähr bis zu einer Zahl von sieben alles von der Menge her sofort erfasst werden kann. Was drüber liegt, gilt als ‚viel'.

Wurde (in Märchen) die Zahl 7 verwendet, muss es sich nicht tatsächlich um ‚sieben' handeln, sondern um ‚viele'.

Wird von Siebenmeilenstiefeln gesprochen, sollte möglicherweise angedeutet werden, dass mit diesen Stiefeln ‚viele' Meilen gegangen werden können.

Demnach wäre auch zu überdenken, ob Schneewittchen tatsächlich mit sieben oder mit vielen Zwergen zusammenlebte.

Behauptungen aufstellen – Lügen verbreiten

„Ein Märchen hat seine Wahrheit und muss sie haben, sonst wäre es kein Märchen."

Johann Wolfgang von Goethe, dt. Dichter (1749 - 1832)

Das Märchen der vermeintlichen Wahrheit

Ohne Geheimnisse könnte eine Gesellschaft nicht funktionieren. Der Zauberer arbeitet mit ihnen, Überraschungen lassen sich gestalten (zum Beispiel für ein Geburtstagsgeschenk), Verteidigungspläne von kriegerischen Angriffen schützen Bewohner und Bewohnerinnen.

Beim Anpreisen von Produkten werden Vorteile aufgelistet. Manche Nachteile werden verschwiegen – also geheim gehalten.

Wollen zwei Personen sich näherkommen, zeigen sie sich von der besten Seite. Sie ‚stellen sich ins beste Licht'. Die Schattenseiten bleiben im Dunkeln. Sie bleiben geheim.

Da wird also auch schon mal geschummelt oder die Wahrheit ein wenig gebeugt; wem ist das zu verübeln?

Aus dem Schummeln wird schnell eine Lüge, die dem weiteren Fortkommen dient.

In der zwischenmenschlichen Kommunikation soll natürlich davon ausgegangen werden, einander die Wahrheit zu sagen. Bei dieser Annahme dürfte es sich leider um ein Märchen handeln.

Notlügen, Lügen zum Selbstschutz oder zum Schutz anderer, Lügen zum Betrügen und viele andere mehr sind Bestandteile des Alltags.

Dem Lügner wird ein gutes Gedächtnis unterstellt. Die Entlarvung einer Lüge kann mehr als peinlich werden, Vertrauen wird zerstört oder sogar Strafrechtliches zur Folge haben.

- „Die Mehrheit ist sowieso fürs Arbeiten im Homeoffice", behauptet ein Beschäftigter.

Hier stellt sich sofort die Frage, ob diese Behauptung richtig ist. Die Mehrheit aller Menschen dieser Welt?

Die Mehrheit der in diesem Land Lebenden? Die Mehrheit der Beschäftigten? Die Mehrheit der Führungskräfte oder, oder, oder ...

Kann die geäußerte Behauptung bewiesen werden, zum Beispiel anhand seriöser statistischer Angaben? Ist die Behauptung – so sie denn stimmt – aktuell?

Es ist nicht sicher, ob die Behauptung der Wahrheit entspricht oder eine Falschaussage ist. Im zweiten Fall wäre es demnach eine Lüge. Ob eine gewollte oder ungewollte Lüge, sei dahingestellt.

Falls die Behauptung nicht der Wahrheit entsprechen sollte, bauen alle weitergehende Überlegungen auf einer Unwahrheit auf. Der Aufbau steht somit auf recht wackeligen Füßen. Er droht, zu einem späteren Zeitpunkt, einzubrechen, mit entsprechenden gravierenden Folgen.

Unterstützung der Menge suchen

Eine Mitarbeiterin beschwert sich beim Vorgesetzten. Um zu zeigen, dass sie mit ihrer Überlegung nicht alleine dasteht, äußert sie:

- „Ich finde es ungerecht, und viele meiner Kolleginnen auch, dass ..."

‚Viele meiner Kolleginnen', behauptet die Mitarbeiterin.

Auch in solch einem Fall stellen sich Fragen. Was heißt ‚viele'? Sind das 5, 50 oder 500? Wissen die Kolleginnen, dass sie (anonym) erwähnt werden? Wollen sie das überhaupt?

Wie viele dieser Kolleginnen wären bereit, aus ihrer Anonymität herauszukommen und sich neben die Forderungen der Mitarbeiterin zu stellen?

Für den Vorgesetzten ist es nicht sicher, ob es überhaupt Kolleginnen gibt, die die Meinung der Mitarbeiterin unterstützen. Vielleicht handelt es sich lediglich um eine Art Schutzbehauptung der Mitarbeiterin, oder um eine Lüge.

Da manchmal ungeprüfte Behauptungen geäußert werden, sollte der Gesprächspartner direkt nachfragen, wie die Äußerung bestätigt werden kann.

Manchmal, so zeigt die Historie, führen Behauptungen zu Gerüchten, zu gesellschaftlichen Unruhen, zu Aufständen, ja gar zur Lynchjustiz oder politischen Umstürzen.

Wer solche Absichten nicht hegt, sollte mit Behauptungen aller Art vorsichtig umgehen. Ungeprüfte und verallgemeinernde Aussagen sollten dann vermieden werden.

- „Zu viele Asylanten kommen ins Land."
- „Die da oben machen nichts."
- „Die Boni sind ungerecht."

Wissentlich Lügen, also die Verbreitung von Unwahrheiten, speziell zum eigenen Vorteil oder gar zum Nachteil des Gesprächspartners, einzubringen, ist in den meisten Fällen verwerflich. Von Ausnahmen kann abgesehen werden, wie zum Beispiel beim Selbstschutz oder einer Notlüge.

Kaum einer mag belogen werden. Weshalb sollte es umgekehrt (also das Gegenüber zu belügen) gewünscht sein?

Lügen als Wahrheit ‚verkaufen' ist demnach in seriösen Gesprächen unangebracht.

Sich keine Märchen erzählen lassen!

Statt der Behauptungen könnten diese mit einem Fragezeichen versehen werden. So ergibt sich eine Wandlung zur Frage.

- „Kommen zu viele Asylanten ins Land?"
- „Machen die da oben nichts?"
- „Sind die Boni ungerecht?"

Die Frage ergibt die Möglichkeit zu diskutieren.

Bewusst fehlerhaft argumentieren

„Aber wenn die Personen nicht lächerlich von selbst wären, so gäb es keine hübschen Märchen."

Denis Diderot, frz. Philosoph, frz. Schriftsteller (1713 - 1784)

Das Märchen der vermeintlichen Seriosität

Spaß im Leben ist schön. Manchmal bedarf es auch der Seriosität. Zum Beispiel dann, wenn es um rechtliche oder berufliche Belange geht.

Das heißt nicht zwangsläufig, dass es in Gesprächen bierernst zugehen muss. Nur ‚in der Sache' muss alles ‚Hand und Fuß' haben.

Hin und wieder wird Seriosität nur vorgegaukelt. Weiter oben wurde bereits der Hinweis auf (vorsätzlich) äußerte Lügen gegeben.

Das versehentlich fälschliche Vorgehen kann zwar unangenehme Folgen nach sich ziehen. Es lag aber keine böse Absicht vor.

Anders, wird bewusst in eine falsche Richtung vorgegangen.

Wackelnde Argumente

Argumente sind gut. Fehlerhafte Argumente sind irreführend.

Die meisten Kinder in hiesiger Kultur werden im Monat Juli geboren (Stand Drucklegung dieses Ratgebers).

Seit Beginn der Wetteraufzeichnung gilt der Juli als der heißeste Monat im Jahr.

Nun könnte ein Argument aus diesen beiden (wahren) Aussagen gebildet werden.

- „In Deutschland werden im Juli die meisten Kinder geboren, weil Juli der heißeste Monat im Jahr ist."

Die Geburtenrate wird mit dem heißen Tag verknüpft. Es scheint ziemlich eindeutig, dass das eine nichts mit dem anderen zu tun hat.

Beim gezeigten Beispiel ist die fehlerhafte Argumentation direkt durchschaubar.

Ein Argument setzt sich zumindest aus einer Prämisse (gr. ‚protasis' für ‚Vorausgeschicktes') und einer Konklusion (lat. ‚conclusio' für ‚Schlussfolgerung') zusammen.

Für sich betrachtet können beide wahr sein, in Verbindung aber eine Unwahrheit ergeben.

Manchmal ist der Fehler schwieriger erkennbar.

- „Die Mieten in den Städten werden immer höher, da aufgrund der Scheidungen mehr Wohnraum gesucht wird."

Der erste Teil der Aussage stimmt, ob der zweite korrekt ist? Ob hier das eine mit dem anderen zu tun hat? Das ist fraglich. Es könnte einen Zusammenhang geben. Die Preissteigerung könnte aber auch mit ganz anderen Auslösern zu tun haben.

Und wie sieht es mit diesem Argument aus?

- „Die Zahl der Diktaturen wächst weltweit, da sich die Menschen eine starke politische Führung wünschen."

Auf Anhieb ist ein möglicher, korrekter oder fehlerhafter, Zusammenhang kaum nachzuprüfen.

Zur Erinnerung: Der Sprecher setzt bewusst irreführende oder fehlerhafte Argumente ein. Im letztgenannten Beispiel mit der Diktatur stimmt die erste Hälfte des Arguments. Ob der zweite Teil stimmt, ist fraglich. Beide Teile verknüpft – ergibt sich ein tatsächlicher Zusammenhang?

Im folgenden Beispiel beginnt das Argument mit einer unwahren Behauptung:

- „Die Zahl der Demokratien steigt weltweit, weil der Mensch sich frei entfalten will."

Die Wahrheit ist: Die Zahl der Demokratien sinkt (Drucklegung). Ob sich der Mensch frei entfalten werde, ist eine Annahme.

Fehlerhafte Argumente erkennen

Eine Herausforderung eines Gesprächspartners ist, jeden ihm wichtigen Sachverhalt absolut überzeugend vertreten zu können. Er muss fähig sein, Fakten logisch darzulegen und sogar eine mögliche Schwäche als Stärke erscheinen zu lassen.

Gute Argumente helfen, zu überzeugen.

Allerdings kann ein Argument in einer Situation wahr, in einer anderen falsch sein. Zum Beispiel:

Erster Vordersatz (Prämisse):	▪ Menschen haben zwei Beine.
Zweiter Vordersatz (Prämisse)	▪ Herr Hoffmann hat zwei Beine.
Schlusssatz (Konklusion)	▪ Also ist Herr Hoffmann ein Mensch.

Wahr + wahr = wahr.

Oder:

Erster Vordersatz (Prämisse):	▪ Menschen haben zwei Beine.
Zweiter Vordersatz (Prämisse)	▪ Ein Känguru hat zwei Beine.
Schlusssatz (Konklusion)	▪ Also ist ein Känguru ein Mensch.

Obwohl die beiden Vordersätze stimmen, ist der Schlusssatz falsch! Ein bemerkenswertes Phänomen. Wahr + wahr = falsch. In der Mathematik wäre diese Gleichung kaum nachvollziehbar.

Daraus folgt, dass es in der Argumentation keinen objektiven Sachverhalt geben muss.

Bei dem Känguru-Beispiel wird sofort sichtbar, dass ein Argument trotz zweier richtiger Vorsätze falsch war. Obwohl beide Prämissen eindeutig stimmen, ist die Schlussfolgerung falsch.

Also heißt das: Damit die Schlussfolgerung stimmt, müssen beide Prämissen im Argument zusammenpassen.

Wie sieht es mit einem Kamel aus?

- „Herr Kutscher denkt menschlich."
- „Das Kamel handelt menschlich."
- „Also ist das Kamel ein Mensch."

Hier stimmt eine der Prämissen nicht – nämlich die zweite. Deshalb ist das Argument nicht akzeptabel. Es ist falsch. Wahr + falsch = falsch.

In harten Verhandlungen werden manchmal (bewusst) fehlerhafte Prämissen eingebaut, die beim ersten Hinhören als korrekt erscheinen. Damit entsteht ein scheinbar richtiges Argument. Es hat geklappt, ein Märchen zu erzählen – und zu glauben.

Die Gesprächspartner im Dialog und die Diskussionspartner in einem Meeting oder einer Verhandlung sollten gut aufpassen, dass sie keinem fehlerhaften Argument aufsitzen.

Bei einer entstehenden Unsicherheit, ob ein Teil des Arguments fehlerhaft sein könnte, am besten direkt nachfragen oder um Klärung/Beweis/Quelle bitten.

Auch dann, wenn solch ein Vorgehen ein unangenehmes Gefühl auslösen sollte, sind die Folgen bei der Akzeptanz eines fehlerhaften Arguments unter Umständen schwerwiegender.

Forderungen abweisen, die niemand gefordert hatte

„Nicht die Kinder bloß speist man mit Märchen ab."

Gotthold Ephraim Lessing, dt. Dichter
(1729 - 1781)

Das Märchen der vermeintlichen Gerechtigkeit

Laut Gotthold Ephraim Lessing werden nicht nur Kinder, sondern auch Erwachsene mit Märchen abgespeist. Er scheint recht zu haben. Der Minister ereifert sich:

- „Ich bin strikt dagegen, dass die Renten abgeschafft werden."

Die Zustimmung der Gruppe der Zuhörenden ist ihm sicher. Wer würde eine Rentenabschaffung befürworten? Welcher Rentner oder zukünftige Rentner würde auf die finanzielle Leistung verzichten wollen?

Es ist schön, dass der Minister äußert, gegen die Abschaffung der Renten zu sein. Nur – wer hat das gefordert? Niemand.

Wer populistisch (lat. ‚populos' für ‚Volk') vorgeht, stellt sich auf die Seite des ‚kleinen Mannes'. Der Minister (‚der da oben') begibt sich auf das Niveau des Volks (‚wir da unten').

Er spricht und argumentiert nun aus deren Sicht – und erhält deren Zustimmung.

Gleichzeitig wird etwas demagogisch (gr. ‚demos' für ‚Volk', ‚agein' für ‚führen'; später ‚Volksverführung') vorgegangen. Der Minister fordert eine vermeintliche Gerechtigkeit ein – die aber von keiner Seite her angezweifelt wurde/wird.

Tapfere Forderung

Etwas fordern, was sowieso gegeben ist, scheint unsinnig. Erfolgt trotzdem solch eine Forderung, scheint es offensichtlich die Gefahr zu geben, dass das Bestehende abgeschafft werden soll.

Angst wird geschürt. Dann ist es gut, jemanden zu haben, der sich gegen die (nicht vorhandenen) Gegner stellt. Tapfer!

Vernebelung der eigenen schwachen Argumente

„Ich bin so satt, ich mag kein Blatt."

Aus ‚Tischlein deck dich'

Dt. Märchensammler Brüder Grimm

(Jacob Ludwig Karl, 1785 - 1863 und Wilhelm Carl, 1786 - 1859)

Red Herring – Der Rote Hering

Red Herring, ein Roter Hering, benannt nach dem US-amerikanischen Philosophen T. Edward Damer (*1937). Ein Red Herring ist ein geräucherter Salzhering. Durch die Räucherung verfärbt sich der Hering in eine rötliche Farbe.

Mithilfe eines Red Herrings wird versucht, die Schwächen der eigenen Argumente geschickt zu vernebeln – sozusagen mit Rauch zu versetzen –, sofern es sich dabei überhaupt um Argumente handelt.

Die Aufmerksamkeit des Zuhörenden und/oder des Gesprächspartners wird auf eine Nebensächlichkeit gelenkt. Für den Gesprächspartner heißt das: Gut aufpassen, sich nicht ablenken zu lassen, um sich plötzlich mit einem anderen Thema auseinandersetzen zu müssen.

Noch schlimmer, der Argumentierende nötigt den Gesprächspartner, sich zu rechtfertigen ... Er gerät dann auf eine Art Rechtfertigungsschiene und muss sich selbst erklären. Dadurch entfernt er sich mehr und mehr von seinem eigenen Vorschlag.

Zwei Beispiele sollen diese Vorgehensweise deutlicher machen.

Beweisrede an das Volk (argumentum ad populum)

Bei Argumenten dieser Art wird sich auf die (nicht messbare) Mehrheit der Bevölkerung und der Menschen bezogen.

- „Die Mehrheit ist dafür, dass ..."

Selbst, sollte sich tatsächlich um eine seriös gemessene Mehrheit handeln, kann diese Mehrheit einem Irrtum unterliegen.

Ein noch nicht lang zurückliegendes Beispiel könnte der Brexit sein.

Nicht umsonst schrecken viele Staaten vor Volksentscheidungen zurück.

Für die Entscheidung sind die gewählten Volksvertreter zuständig.

Ein schönes Argumentation-Beispiel, das ‚Auch-Du-Argument', bildet den Abschluss.

Das Tu-quoque-Aurgument (‚auch du') – Auch-Du-Argument

Damit ist auch ein geschicktes Vorgehen, ein unangenehmes Argument zu vernebeln: Ein bemängeltes Verhalten wird auf den Gesprächspartner zurückgespiegelt.

- „Du musst dich mehr bewegen!"
- „Auch du wirst Tage haben, an denen du dich nicht genügend bewegst."

Vielleicht treibt es dem angesprochenen die Röte ins Gesicht, da er sich ertappt fühlt.

Durch die Spiegelung ist das Argument entkräftet.

Optimierung – Rhetorisch starke Argumentation

„Die Wahrheit ist immer das stärkste Argument“

Nicht jeder will die Wahrheit hören

„Spieglein, Spieglein an der Wand,
wer ist die Schönste im ganzen Land?“

Aus ‚Schneewittchen und die sieben Zwerge‘
Dt. Märchensammler Brüder Grimm
(Jacob Ludwig Karl, 1785 - 1863 und Wilhelm Carl, 1786 - 1859)

„Das ist doch kein Argument!“

Der griechische Dichter Sophokles (497/496 – 406/405 v. Chr.) sieht in der Wahrheit das stärkste Argument. Er meint:

- „Die Wahrheit ist immer das stärkste Argument.“

Das Spieglein bei Schneewittchen zeigte unbestechlich die Wahrheit, wer die Schönste im Königreich war. Es half weder schimpfen noch fluchen. Nicht jeder mag mit der Wahrheit konfrontiert werden.

Rhetorisch lässt sich die Wahrheit ‚beugen‘. Den meisten Menschen kommen nach dem Öffnen der Büchse der Pandora häufiger Lügen über die Lippen, als geahnt.

Andererseits meinen auch viele Menschen, die Wahrheit zu kennen – nämlich ihre eigene.

Zum Beispiel äußern sie die (subjektive) Wahrheit wie folgt:

- „Wir zahlen zu viel Steuern.“

Der Gesprächspartner entgegnet gereizt:

- „Das ist doch kein Argument!“

Leicht entrüstet stößt der Gesprächspartner diesen Satz aus, kreuzt die Arme vor der Brust und lehnt sich schon schmollend in seinem Stuhl zurück. Er ist erzürnt, dass so schwach argumentiert wurde.

Er ärgert sich, dass jemand ‚einfach so‘ die vermeintliche Wahrheit wiedergibt.

Was war geschehen? Zwei Personen tauschen sich in einem Dialog zu einem strittigen Thema aus. Ein vernünftiges Gespräch wird nicht zum Ergebnis kommen, wenn nur ‚Stammtischparolen' oder Behauptungen in den Dialog geworfen werden. Auch sogenannte Killerphrasen (siehe dort) führen nicht zum Erfolg – im Gegenteil.

In einem Dialog versuchen beide Gesprächspartner nachvollziehbarerweise den Dialogpartner von ihrer Meinung zu überzeugen.

Das ist absolut legitim, solange verbal fair miteinander umgegangen wird.

Am besten kann jemand in einer sauberen Gesprächssituation überzeugt werden, wenn ehrlich vorgegangen wird – gemeint ist, wertschätzend und bei der Wahrheit zu bleiben.

Weiter müssen die genannten Informationen nachvollziehbar sein. Das sind sie, wenn sie logisch aufgebaut werden.

Vermeintliches Halbwissen, Vermutungen oder Gerüchte erlauben endloses ‚Palaver', aber keine seriöse Diskussion.

Wer seriöses Vorgehen will, bleibt bei den erwiesenen Tatsachen.

Hier kommt das rhetorische Argument ins Spiel.

Was ist ein Argument?

Das Wort ‚Argument' kommt aus der lateinischen Sprache. Dort heißt es ‚argumentum', was als ‚Veranschaulichung' beziehungsweise als ‚Beweisgrund' bezeichnet wird.

Veranschaulichung heißt, etwas bildhaft verständlich zu machen, so wie das Spieglein an der Wand. Ein Beweisgrund stützt sich auf nachvollziehbare Fakten, auf die Richtigkeit einer Behauptung, die die Menschheit als ‚wahr' betrachtet oder definiert.

Ein Argument braucht mindestens eine Prämisse und eine Konklusion.

Auch das Wort ‚Prämisse' kommt aus der lateinischen Sprache. Dort heißt es ‚praemissio' und bedeutet so viel wie ‚das Vorausgeschickte'.

In der logischen Argumentation ist die Prämisse eine Voraussetzung beziehungsweise eine Annahme und wird beispielsweise als Vordersatz bezeichnet. Aus der Annahme wird später die logische Schlussfolgerung (Konklusion) gezogen.

Wen wundert es, dass das Wort ‚Konklusion' auch der lateinischen Sprache ‚conclusio' entnommen ist. Es steht in der Argumentation für ‚Schlussfolgerung' oder ‚Standpunkt'. Das Wort Konklusion wird im rhetorischen Zusammenhang auch als Zusammenfassung einer Rede bezeichnet.

Zu einem Argument gehören die Gründe für eine Behauptung. Ein klassisches Argument besteht also aus (mindestens) zwei Bestandteilen.

Standpunkt:	▪ Das ist die Konklusion.
Begründung:	▪ Das ist die Prämisse.

Ein Argument kann mehr als eine Prämisse haben.

Ohne Prämisse bleibt nur eine Behauptung

Fehlt die Prämisse, bleibt lediglich der Bestandteil der Konklusion. Es liegt eine nicht bewiesene Behauptung vor; ist demnach kein Argument.

- „Wir zahlen zu viele Steuern."

Dann entsteht der Fall, wie eingangs beschrieben, dass der Gesprächspartner die Meinung äußert:

- „Das ist doch kein Argument."

Ohne Argument lässt sich nicht argumentieren – das erscheint logisch.

Eine Person behauptet:

- „Frau Schulte ist eine gute Mitarbeiterin."

Unabhängig davon, ob diese Behauptung wahr ist, fehlt die Begründung zu dieser Aussage. Möglicherweise vertritt der Gesprächspartner eine ganz andere oder sogar gegenteilige Meinung.

- „Frau Schulte ist eine schlechte Mitarbeiterin."

Nun steht Aussage/Behauptung gegen Aussage/Behauptung. Ein (nicht zielfördernder) Dialog könnte so verlaufen.

- „Frau Schulte ist eine gute Mitarbeiterin."
- „Nein, Frau Schulte ist eine schlechte Mitarbeiterin."
- „Doch."
- „Nein."
- „Doch."

... und so weiter. Die Folge mag sein und wird sein, dass erstens keine Lösung gefunden wird und die beiden Gesprächspartner zornig auseinandergehen.

Jeder bleibt bei oder besteht auf seiner Meinung. Keiner konnte den anderen überzeugen.

Der Dialog brachte kein Ergebnis und kann als verlorene Zeit angesehen werden.

Behauptung begründen

Das Spieglein an der Wand antwortete:

- „Frau Königin, ihr seid die Schönste hier. Aber Schneewittchen (...) ist noch tausendmal schöner als ihr."

Diese Antwort muss der Königin ja einen regelrechten Schlag versetzt haben. Damit die Behauptung nicht ‚leer' im Raum stehenbleibt, wird der Sprecher seine Meinung begründen. Er geht so vor:

- „Frau Schulte ist eine gute Mitarbeiterin."

  (Konklusion)
- „Sie hat beim letzten Projekt weitsichtig, zeitnah und teamorientiert zum Erfolg beigetragen."

  (Prämisse)

Aus der Behauptung wurde nun ein nachvollziehbares – und vor allem begründetes – Argument.

Selbstverständlich kann der Gesprächspartner immer noch anderer Meinung sein. Er müsste jetzt aber die Prämisse widerlegen. Dann entstünde eine ‚echte' Diskussion

Zwei Prämissen

Ein Argument kann sich zweier (oder noch mehr) Prämissen bedienen. Dabei wird die erstgenannte als Obersatz die zweitgenannte als Untersatz bezeichnet.

- „Frau Schulte ist eine gute Mitarbeiterin."

  (Konklusion)
- „Sie hat beim letzten Projekt weitsichtig, zeitnah und teamorientiert zum Erfolg beigetragen."

  (1. Prämisse = Obersatz)
- „Außerdem hat sie gerade einen Fortbildungskurs erfolgreich abgeschlossen."

  (2. Prämisse = Untersatz)

Die Reihenfolge der Prämissen und der Konklusion kann beliebig gedreht werden.

- „Frau Schulte hat beim letzten Projekt weitsichtig, zeitnah und teamorientiert zum Erfolg beigetragen."

  (1. Prämisse = Obersatz)
- „Außerdem hat sie gerade einen Fortbildungskurs erfolgreich abgeschlossen."

  (2. Prämisse = Untersatz)
- „Deshalb ist sie eine gute Mitarbeiterin."

  (Konklusion)

Nun liegt ein wertvolles Argument vor. Aus einer schwachen Behauptung wurde ein schlagfertiges Argument.

Argumentations-Typen

„Die Guten ins Töpfchen, die Schlechten ins Kröpfchen."

Aus ‚Aschenputtel'

Dt. Märchensammler Brüder Grimm

(Jacob Ludwig Karl, 1785 - 1863 und Wilhelm Carl, 1786 - 1859)

Der Stärkste gewinnt

Die Guten, Starken kommen ins ‚Töpfchen' und werden verarbeitet. Sie sind – für den Dialog – wertvoll. Die Schwachen und die Schlechten können direkt ‚verzehrt' werden. Weg mit ihnen!

Argumente können schwach (schlecht) oder stark (gut) sein. Zur besseren Übersicht werden Argumente in vier Gruppen von Argumentations-Typen geordnet. Starke Argumente überzeugen im Dialog besser als schwache.

Das Full-Power-Argument:	▪ Die Bezeichnung zeigt bereits, dass es sich bei diesem Argument um das stärkste handelt. ▪ Es zeigt volle Kraft, ‚full power'. ▪ Es ist schwierig zu widerlegen.
Das High-Power-Argument:	▪ Dieses Argument trägt in seinem Namen auch noch einen deutlichen Hinweis auf seine Stärke. ▪ ‚High power' zeigt immer noch eine starke Einflussnahme. ▪ Allerdings ist das High-Power-Argument nicht mehr ganz so überzeugend wie das Full-Power-Argument.

Das Low-Power-Argument:	▪ Der Name verrät bereits, dass das Argument in den unteren Bereich der Argumentations-Skala gerät. ▪ Es zeigt eine abgeschwächte Stärke und bietet nur noch ‚low power'. ▪ Aber immerhin gibt es noch eine Chance, mit solch einem Argument zu überzeugen.
Das No-Power-Argument:	▪ No Power verrät, dass hinter diesem Argument keine argumentative Kraft mehr steht. ▪ ‚No power' steht für ‚null Kraft'. ▪ Interessanterweise wird es trotzdem manchmal – sogar erfolgreich – eingesetzt.

Um es gleich vorwegzunehmen: Wo immer es geht, sollte mit Full-Power-Argumenten gearbeitet werden. Erst dann, wenn diese Typen von Argumenten ausgehen, wird auf die anderen – die schwächeren – zurückgegriffen.

Was machen die vier Typen der Argumente aus? Wie können sie eingesetzt werden? Wie können sie entkräftet werden?

Stärkster Argumentations-Typ: Full-Power-Argument

Begonnen wird mit dem stärksten Argumentations-Typ. Ließen sich die vier Argumentationstypen auf einer fiktiven Skala einordnen, läge diese Gruppe ganz oben bei 100 %.

0 %	25 %	75 %	100 %
			Full-Power-Argument

Bei Full-Power-Argumenten wird auf logische Beweise zurückgegriffen. Dadurch, dass die Prämissen 100-prozentig richtig und nicht widerlegbar sind, ist die Konklusion zwangsläufig auch eindeutig.

Die Prämissen sind oft definiert (2 + 2 = 4) oder wissenschaftlich belegt (die Erde ist kugelförmig).

Full-Power: Logischer Beweis

Logischer Beweis

„Wenn A gleich B ist und B gleich C, dann muss A gleich C sein."

Durch die logische Folge entsteht eine 100-prozentige Gültigkeit für diesen Argument-Typ.

Ergänzende Informationen zu diesem Argument ‚sonnen' sich gleichzeitig in dieser Gültigkeit. Sie nehmen beim Zuhörer auch die ‚volle Kraft' ein.

Argumente dieser Art sind somit nicht zu widerlegen.

Je mehr Full-Power-Argumente in einer Diskussion eingebacht werden können, desto wahrscheinlicher wird es, dass das Gespräch für den Argumentierenden erfolgreich verläuft.

Nebenstehende Wörter signalisieren, dass mit einem Full-Power-Argument gearbeitet wird.	▪ ... mit Sicherheit ... ▪ ... daraus folgt zwingend ... ▪ ... deswegen lässt sich eindeutig ableiten, ... ▪ ... zwangsläufig ... ▪ ... deshalb ... ▪ ... so muss es der Fall sein, dass ...

- „Wenn A gleich B und B gleich C sind, folgt daraus zwingend, dass A gleich C sein muss.“

Starker Argumentations-Typ: High-Power-Argument

Bei der zweithöchsten Argumentations-Gruppe, den High-Power-Argumenten, wird die Ebene der 100-prozentigen Sicherheit verlassen und sinkt auf 75 %.

75 % drücken keine Sicherheit mehr aus, sind in einer Skala aber noch relativ weit oben zu finden.

0 %	25 %	75 %	100 %
		High-Power-Argument	

Zwar ist dieses Argument nicht mehr sicher, aber hoch wahrscheinlich. Deshalb wird hier von einer 75-prozentigen Wahrscheinlichkeit gesprochen.

Immerhin ist die Wahrscheinlichkeit noch ziemlich gut gegeben. Deswegen kann angenommen werden, dass das Argument stimmt. Aber eben nur ‚angenommen werden‘.

Das ist genau der Schwachpunkt, die sogenannte Achillesferse, bei diesem Argument, denn genau hier kann sich der Dialogpartner einhaken. Es könnte nämlich immer noch sein, dass die Wahrheit in den restlichen 25 % steckt.

So lässt sich auch sagen, dass bei dem High-Power-Argument mit starken Erfahrungswerten gearbeitet wird.

Es folgen einige Beispiele.

Verallgemeinerungs-Argument

Statistische Verallgemeinerung

> „Immerhin sind 58 % der Befragten der Meinung, dass die Feinstaubbelastung in den Städten reduziert werden soll.
>
> Deshalb müssen wir aktiv werden, um die Reduzierung zu erzielen."

Arbeitet der Gesprächspartner mit statistischen Angaben, wird diesen sehr häufig geglaubt (siehe Ausführungen weiter oben). Offensichtlich neigen Menschen gerade in hiesiger Kultur dazu, statistische Angaben ungeprüft – als Wahrheit – zu übernehmen.

Das ist die Chance des kritischen Gesprächspartners. Er kann nachfragen, woher diese statistische Angabe stammt. Ist die genannte Quelle seriös? Ist die genannte statistische Angabe zeitnah oder vielleicht schon uralt und überholt?

Kann keine vernünftige Quelle angeben werden, gerät die Aussage ins Schwanken.

Damit wurde das Argument geschwächt, vielleicht sogar gestürzt. Obwohl die statistische Zahl überzeugend passte, wurde sie durch die Nachfrage ins Schwanken oder sogar zum Kippen gebracht.

Ist keine seriöse Quelle nachweisbar, wird aus den 75 % des High-Power-Arguments eine Null-prozentige Behauptung.

Vergleichs-Argument
Statistischer Syllogismus (gr. ‚syn' für ‚zusammen' und ‚logos' für ‚Wort, das mit anderen einhergeht')
„Die meisten Menschen mögen die rote Rose. Deshalb sollten wir den Festraum mit roten Rosen schmücken."

Hier liegt eine Kette von mehreren Schlüssen vor, die in diesem Fall vom Allgemeinen zum Besonderen geht.

Es wird hier von der – möglicherweise richtigen – Annahme ausgegangen, dass die meisten Menschen eine rote Rose mögen. Das kann richtig sein.

Nun wird sich auf diese allgemeine Annahme bezogen. Wenn viele Menschen diese Blume mögen, muss der Festraum so geschmückt werden. Dann werden auch die Gäste den geschmückten Raum ansprechend empfinden.

Das kann natürlich sein, muss es aber nicht. Nicht unbedingt würden rote Rosen beispielsweise in einen Festraum anlässlich des Tanzes in den Mai passen.

Deshalb gut überlegen, ob diese High-Power-Variante zielführend ist. Wenn nicht, ist sie mit einem Gegenargument leicht zu entlarven.

Schwacher Argumentations-Typ: Low-Power-Argument

0 %	25 %	75 %	100 %
	Low-Power-Argument		

Nach zwei starken Argumenten kommt es nun zu einem schwachen Argument.

Trotzdem soll dieses nicht außer Acht gelassen werden, erfüllt es manchmal in Gesprächsrunden trotz seiner Schwäche den gewünschten Erfolg.

Es greift dann, wenn der Gesprächspartner nicht aufpasst, beziehungsweise wenn er das Argument nicht als Low-Power erkennt.

Da bei diesen Argumenten die Konklusion durch die Prämissen nur noch sehr schwach unterstützt wird, geht es hier eher um Plausibilität.

Unter Plausibilität wird verstanden: Ist eine Annahme oder Aussage plausibel (lat. ‚plaudere' für ‚Beifall klatschen'), wirkt sie auf den Gesprächspartner einleuchtend, nachvollziehbar, glaubhaft und verständlich – Achtung: nicht logisch!

Einige Formen dieses Argumentations-Typen folgen hier.

Indizien-Argument

Indizien (lat. ‚indicium' für ‚Anzeichen')

„Da vorne im Supermarkt hängt ein großes rotes Schild.

Höchstwahrscheinlich gibt es dort ein Sonderangebot."

Über die menschlichen Wahrnehmungs-Sinne wird ein Hinweis erkannt, der in einem anderen Zusammenhang schon häufiger gesehen wurde. Sonderangebote werden häufig mit roten Preisschildern gekennzeichnet. Deshalb ist es in diesem Fall möglicherweise auch so.

In Gesprächen ist bemerkbar, dass auf solche Hinweise oder Indizien gebaut wird. Hier ist alles andere als die Sicherheit gewährleistet.

Die Wahrscheinlichkeit ist gegeben – allerdings wird eher von einer Vermutung, einem Anzeichen, einer Annahme ausgegangen.

Nichts gegen die Annahme, allerdings heißt das, dass dieses Argument bei Weitem nicht stimmen muss.

Der unaufmerksame Gesprächspartner stimmt dem Indizien-Argument zu.

Wie kann der aufmerksame Gesprächspartner es entkräften? Darauf hinweisen und am besten ein Beispiel bringen, das ein Gegenteil aufzeigt. Ein rot unterlegter Hinweis könnte auch ein Zugangsverbot sein.

Autoritäts-Argument

Autorität (lat. ‚argumentum ad verecundiam' für ‚Beweis durch Ehrfurcht')

„Die Lehrerin hat gesagt, dass das Känguru in Australien lebt.

Wenn die Lehrerin das sagt, dann ist das richtig."

Der Redner hängt sich an die Autorität einer ‚Persönlichkeit'. Das kann jemand sein, der in der beruflichen Hierarchie weit oben steht.

Ebenso möglich sind die Eltern, Idole, Influencer oder auch Politiker als Autorität anzusehen.

Gehört/gesehen wurde als ‚Autorität' auch schon:

- „Das habe ich im Internet gesehen."

Hier lässt sich annehmen, dass das Gesagte stimmt. Aber nur annehmen. Ob es wirklich so ist, prüft der Zuhörer in diesem Moment nicht. Manche Äußerungen sind in diesem Augenblick nicht nachprüfbar.

Die Realität zeigt immer wieder, dass zwei Profis, Wissenschaftler, Gutachter mit gegensätzlichen Meinungen aufeinandertreffen. In der Politik ist es nicht anders.

Der eine sagt:

- „Um die Wirtschaft anzukurbeln, müssen die Steuern gesenkt werden."

Der Vertreter der anderen Partei hingegen meint:

- „Um die Wirtschaft anzukurbeln, müssen die Steuern angehoben werden."

Nun steht Meinung gegen Meinung. Beide Aussagen könnten richtig sein.

Nicht immer ist zu erkennen – und für den Laien sowieso nicht – welche Aussage stimmt und ob das Gesagte für die Gesprächsrunde greift.

So gilt es, das Gesagte – nach Möglichkeit – auf Richtigkeit zu überprüfen. Stimmt die Aussage – und vor allem passt sie in die gesamte Argumentationsreihe eines Gesprächs – dann ist es natürlich gut.

Ist sie aus dem Zusammenhang gerissen oder nicht beweisbar, soll sie als nutzloses Beispiel entlarvt werden.

Nicht zu unterschätzen sind seit intensiver Verwendung der KI, zum Beispiel ChatGPT, die Möglichkeiten der manipulierten/gefälschten Aussagen. Wohlgemerkt in Wort und Bild. Also gut überlegen, ob die Aussage der ‚Persönlichkeit' seriös ist.

Analogie-Argument

Analogie (lat. ‚analogia' für ‚Ähnlichkeit', ‚Entsprechung')

„Im Mittelalter mussten die Menschen hungern.

Deshalb tut es uns nicht weh, wenn wir mal einen Diättag einlegen müssen."

Ein gern verwendetes Low-Power-Argument: Eine Situation, die richtig sein kann, wird mit einer anderen (heutigen) Situation verglichen.

Wie es bei Vergleichen häufig üblich ist: Meistens hinken sie. Das heißt, als echte Argumente taugen sie nur wenig. Deshalb gehören sie ja auch in diese Gruppe der schwachen Argumente.

Solche Argumente können leicht gekippt werden.

- „Nur, weil es damals so gewesen sein kann, bedeutet es nicht, dass es jetzt so sein muss."

Beispiel-Argument

Beispiel

„Mein Nachbar arbeitet bei XXX am Fließband. Wenn er abends nach Hause kommt, ist er kaputt. Wie soll er da noch für sein Alter zusätzlich vorsorgen?

Die meisten Menschen sind abends kaputt, weshalb sie nicht zusätzlich für ihre Zukunft vorsorgen können."

Diese Variante ist eine geniale. Es wird eine Person aus dem Bekanntenkreis ausgewählt. Es kann auch eine Person sein, die stellvertretend für eine komplette Gruppe von Menschen steht.

Der Argumentierende beschreibt nun, was diese Person (vermutlich) erlebt. Anschließend überträgt er dieses Verhaltensmuster auf die andere Gruppe beziehungsweise sogar auf die Gemeinschaft.

Argumente dieser Art greifen deswegen, weil sie häufig eine sehr bildhafte Darstellung zeigen (Verbildlichung). Viele Zuhörende können sich vorstellen, wie der ‚abgeschaffte' Arbeiter abends müde auf das Sofa sackt und vor dem Fernseher einschläft.

Obwohl es sich um ein Low-Power-Argument handelt, wird es durch seine bildhafte und nachvollziehbare Beschreibung gut greifbar.

So ansprechend solche Argumente sein können, kann gegen sie problemlos vorgegangen werden. Denn: Neben diesem einen müden Nachbarn mag es andere geben, die am Fließband arbeiten und abends noch einmal durchs Viertel joggen, um sich fit zu halten.

Zum Beispiel könnte entgegnet werden:

- „Nichts gegen Ihren Nachbarn. Mein Nachbar hingegen ..."

Übrigens: Rhetorisch geschulte Politiker arbeiten mit solchen Argumenten sehr gerne im Wahlkampf oder im Interview. Ein Journalist sollte im Interview sofort eingreifen, um das Low-Power-Argument nicht zu stark werden zu lassen.

Regel-Argument

Regel

„Betritt ein Kunde eine Boutique, dann soll er einen Tagesgruß aussprechen.

Das ist der Grund, weshalb unsere Mitarbeitende den Geschäftsführer grüßen sollen, wenn er durch die Firma geht."

Weder ist etwas gegen gute Umgangsformen noch zwischenmenschlichen Respekt zu sagen. Gerade in einer Zeit, in der der Verfall der Umgangsformen scharf kritisiert wird, nehmen Höflichkeit und Freundlichkeit eine bemerkenswerte Stellung ein.

Die Gesellschaft stellt Regeln und Verhaltensmuster auf, damit der Einzelne problemlos in seinem sozialen Umfeld leben kann.

Allerdings mag es auch Regeln geben, die nicht mehr zeitgemäß sind. Deshalb dienen sie auch nicht als korrektes Beispiel.

Unabhängig davon gibt es genügend Situationen, in denen die gewählten Beispiele nicht stimmen. Oder spricht jemand einen Tagesgruß aus, sobald er ein Kaufhaus betritt?

Nicht vergessen: Nur, weil viele etwas für richtig halten, heißt es nicht, dass es auch tatsächlich richtig ist.

Es soll deutlich gezeigt werden, dass das genannte Beispiel auf die eigene Situation überhaupt nicht zutrifft.

Es sollte klargemacht werden, dass sich die Zeiten und damit auch die Ansprüche ändern, weshalb auch ein anderer Weg gewählt werden kann.

Schwächster Argumentations-Typ: No-Power-Argument – Scheinargument

Lustig, dass ein No-Power-Argument überhaupt noch als Argument bezeichnet wird.

Aber: Diese Scheinargumente werden als wertvolle Argumente eingesetzt und gewertet, sofern sie nicht entlarvt werden.

0 %	25 %	75 %	100 %
No-Power-Argument			

Nun werden die Argumente betrachtet, die ‚eigentlich' gar keine sind. Die Aussagen entbehren jeglicher Logik, zeigen keine hohe Wahrscheinlichkeit oder Vergleichbares, was ein gutes Argument ausmacht.

Deshalb wird solch eine Aussage auch als Scheinargument bezeichnet.

Das Wort Scheinargument drückt bereits deutlich aus: Das Argument ist gar keines; es scheint nur so.

Oft gibt es gar keine Prämisse. Es wird lediglich eine Behauptung aufgestellt. Genauso oft handelt es sich auch um Fehlschlüsse.

Hin und wieder werden diese No-Power-Argumente auch gezielt als Argumentations-Taktik eingesetzt, um den Gesprächspartner zu überlisten.

Aufpassen, denn manchmal fällt es schwer, diese Argumente zu entkräften. Das liegt daran, dass es keine Begründung gibt.

Diese muss dann vom Gesprächspartner eingefordert werden. Erst dann lässt sich richtig argumentieren.

Totschlag-Argument

Killerphrase

„Das war schon immer so."

„Das ist zu teuer."

Wie weiter oben erklärt ist sichtbar, dass lediglich eine Behauptung aufgestellt wird. Es fehlt die Begründung zur Behauptung, weshalb eine vernünftige Diskussion schwierig bis unmöglich wird.

Die Killerphrase soll den Vorschlag bereits ‚im Keim' ersticken.

Solidaritäts-Argument

Solidarität

„Wir sitzen alle in einem Boot."

Mit solch einem Solidaritäts-Argument werden die Zuhörer moralisch angesprochen. Und zwar durch das Wort ‚wir'. Wer möchte schon von einer Gruppe ausgeschlossen werden?

- „Lieber will ich dazugehören und dabei sein. Da die anderen schon mit im Boot sind, wäre es ja dumm, müsste ich im Wasser um mein Überleben kämpfen. Nein, lasst mich lieber mit ins Boot."

Mit dieser Taktik wird das Wir-Gefühl angesprochen.

Obwohl gegen diese Taktik erst einmal gar nichts einzuwenden sein muss, sollte im Gesprächsverlauf doch überlegt werden, ob es sinnvoll ist, wenn alle im selben Boot sitzen.

Falls dieses untergeht, gingen nämlich alle Darinsitzenden mit unter. Ist das gut so?

Das moralisch gemeinte ‚Wir-in-einem-Boot' soll die Gemeinschaft unterstreichen und dasselbe zu erwartende Schicksal beschwören. Bringt einer das Boot zum Kentern gehen alle unter.

Tabuisierungs-Argument

Tabu

„Das macht man nicht."

Hier tritt einer mit dem erhobenen moralischen Zeigefinger auf. Manch einer mag diesen Spruch aus früherer Kindheit noch im Ohr haben.

Mit diesem Satz werden Menschen dazu gebracht, den nicht geschriebenen Regeln des zwischenmenschlichen Zusammenlebens zu folgen. Wenn ‚man' etwas nicht macht, dann „gehört sich das nicht". Also: Finger weg!

Wird solch eine Aussage getätigt, kann es einerseits richtig sein, dass entsprechend vorgegangen wird.

- „Wir wollen unsere Kunden nicht belügen."

Das ließe sich beispielsweise als Firmen-Philosophie verstehen.

Es ist abzuklären, ob hinter solch einem Tabuisierungs-Argument lediglich etwas versteckt werden soll.

Falls ja, kann der Kritiker versuchen, das Argument direkt zu drehen.

- „Natürlich wollen wir unsere Kunden nicht belügen, weshalb ..."

Traditions-Argument

Tradition

„Das war schon immer so."

- „Schon mein Großvater, der den Grundstein zu diesem Unternehmen legte, hat immer …"

Das mag sein. Darum geht es auch nicht, wenn an zukünftigen Abläufen oder Projekten gearbeitet wird.

Nur weil es der Großvater in seiner damaligen Zeit so oder so machte, heißt das lange nicht mehr, dass diese Vorgehensweise in der heutigen Zeit noch als Erfolg bringend zu bezeichnen wäre.

Es kann gezeigt werden, dass die damaligen Überlegungen durchaus korrekt sein konnten.

Das zeigt sehr wahrscheinlich ja auch den Erfolg, den das Unternehmen seither aufweisen konnte.

Es soll allerdings deutlich gemacht werden, dass Techniken und Anforderungen seit den Zeiten des Großvaters inzwischen andere wurden.

Davon ausgehend, dass die ursprüngliche Geschäfts-Idee des Großvaters erfolgreich weitergeführt werden soll, muss nun zeitgemäß überdacht und gehandelt werden.

Garantie-Argument

Garantie

„Das verspreche ich Ihnen."

Der Sprechende mag von seinem Versprechen überzeugt sein. Aber: Wie will er dieses Versprechen garantieren?

Selbst wenn er aus seiner Sicht absolut überzeugt oder sicher ist, dass alles so kommen wird, wie er vorhersagt, ist das immer noch keine Garantie.

Von heute auf morgen geschehen Dinge, die nicht vorhersehbar waren oder gegebenenfalls sogar niemand für möglich gehalten hätte.

Was nutzt es dann, wenn später gesagt wird:

- „Das hat ja keiner wissen können"?

Nichts. Denn damals war durch die Garantieleistung eine Entscheidung getroffen.

Sich nicht auf solche Versprechen einlassen. Es gibt einfach zu viele Unwägbarkeiten.

Die Praxis zeigt immer wieder, dass berufliche Zusagen, die den Mitarbeitern bei Erfüllung von irgendwelchen Zielen versprochen wurden, dann nicht mehr eingehalten wurden beziehungsweise eingehalten werden konnten.

Das Versprechen ist wertlos geworden.

- „Wir lassen Sie nicht allein", ist neuerdings in der Politik häufiger zu hören.

Aufstellung von Argumenten

„Etwas Besseres als den Tod findest du überall."

Aus ‚Bremer Stadtmusikanten'

Dt. Märchensammler Brüder Grimm

(Jacob Ludwig Karl, 1785 - 1863 und Wilhelm Carl, 1786 - 1859)

Das Beste am Ende

Es wurde nun eine Übersicht vieler Argumente mit verschiedenen Wirkungs-Stufen gegeben.

Wer in ein Gespräch geht, legt sich sinnvollerweise vorher alle möglichen Argumente zurecht, die zur Erreichung des Gesprächsziels helfen können.

Im Dialog selbst sollen aber nicht sofort alle Ideen sofort verpulvert werden, sondern nach und nach dieses und jenes Argument eingefügt werden.

Reihenfolge der Argumente

Die Frage, die sich nun stellt, heißt: In welcher Reihenfolge sollen die Argumente eingesetzt werden?

Dazu gibt es eine einfache Regel. Diese lautet, dass das zuletzt Gesagte am besten im Ohr bleibt, also am besten im Gedächtnis behalten wird.

Der Argumentierende hebt sich demnach sein stärkstes Argument bis zuletzt in seiner Argumentations-Kette auf.

Damit er weiß, wie stark seine eigenen Argumente sind, kann er vor Gesprächsbeginn alle Argumente notieren und nach den oben gezeigten Argumentations-Typen sortieren und anschließend nummerieren.

Er startet seine Überzeugungs-Strategie mit dem zweitstärksten Argument. Dieses kann, wie oben gezeigt wurde, nur bedingt außer Kraft gesetzt werden. Es ist nämlich ziemlich stark und schwierig zu ‚kippen'.

Am besten geht der Argumentierende nach diesem Schema vor:

Das Beispiel zeigt sieben Argumente. Er startet mit seinem zweitstärksten und reiht an dieses dann abfallend die anderen Argumente. Sein stärkstes Argument wird erst an letzter Stelle ins Gespräch eingebracht.

Das schwächste Argument zuerst entwaffnen

Trifft der Argumentierende auf einen gut vorbereiteten Gesprächspartner, so wird dieser selbstverständlich auch einige Argumente vorbereitet haben.

Nicht den Fehler begeht, sich sofort auf dessen allererstes Argument zu stürzen. Ist dieses ein starkes Argument, ist es mit der Entwaffnung schwer.

Deshalb lieber das schwächste Argument aussuchen. Dieses kann in der Regel schnell und einfach entwertet werden. Psychologisch betrachtet ist das Vorgehen wertvoll, da ein erster Erfolg schnell spürbar ist. Es wurde sozusagen ein erster Sieg eingefahren. Das motiviert und eventuell demotiviert es den Gesprächspartner.

Der Gesprächspartner beginnt bereits zu wanken, obwohl erst nur das schwächste Argument gekippt wurde.

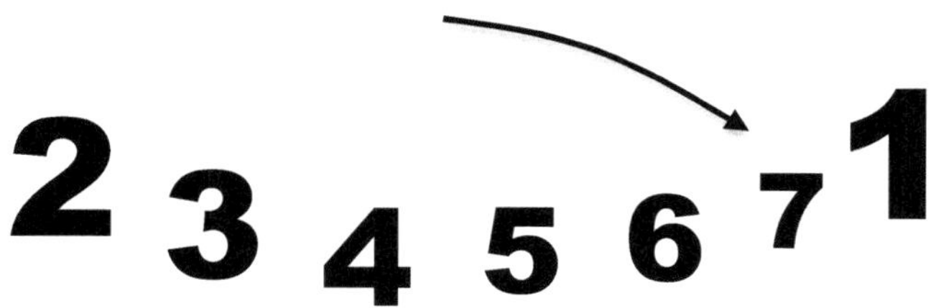

Epilog

... und wenn sie nicht gestorben sind ...

„Das Leben eines jeden Menschen ist ein von Gotteshand geschriebenes Märchen."

Hans Christian Andersen, dän. Dichter (1805 - 1875)

... dann leben sie noch heute

Da Märchen keiner exakten historischen Zeit zuzurechnen sind, sind sie uneingeschränkt gültig.

Selbstverständlich ist es legitim – und gehört zum Leben dazu –, Gesprächspartner von der eigenen Meinung zu überzeugen. Es ist in Ordnung, seine Ideen anderen nahezubringen. Es hört sich motivierend an, Zustimmung zur eigenen Einstellung zu erhalten.

Wer nicht grundsätzlich Verwerfliches plant, geht davon aus, dass seine Ideen positiv für das eigene Leben (und das der anderen) sind.

Tatsächlich zeigt sich täglich, dass allenthalben überzeugt, beeinflusst und manipuliert wird. In der Werbung, im Verkaufsgespräch, in der Diskussion am Stammtisch und zahlreichen weiteren Situationen.

In einer sauber geführten Diskussion treffen verständlicherweise unterschiedliche Meinungen aufeinander. Und zwar deshalb, weil Menschen verschiedene Ansichten von ‚richtig' und ‚wahr' haben.

Es wurde gezeigt, wie wichtig die Logik in der Kommunikation sein kann.

Weiter konnten Sie sehen, wie Argumente richtig aufgebaut und gewinnbringend eingesetzt werden.

Deutlich wurden die vier Stufen der Argumentations-Typen vom Full-Power-Argument bis hin zum No-Power-Argument beleuchtet.

Wer trainierten Rednern, Vortragenden, Interviewten oder Gesprächspartnern lauscht, wird merken, dass diese häufig Argumente einsetzen, um ihre Ideen zu vermitteln. Und zwar Argumente aller vier Stufen.

Rhetorisch Informierten ist es mit den gegebenen Hinweisen möglich, die Qualität eines Arguments zu erkennen. Das lässt Rückschlüsse auf den Wahrheitsgehalt der Aussagen des Sprechers zu.

Trotz aller erwarteten Offenheit und Ehrlichkeit des Gesprächspartners täuschen diese allerdings auch schon mal Fragwürdiges vor.

Deshalb heißt es, nicht zu blauäugig sein, um anzunehmen, dass freundlich lächelnde Gesprächspartner so ehrlich und fair miteinander umgehen, wie es von ihnen erwartet würde.

Sie versuchen über den rhetorischen Weg geschickt ihre Verkaufsargumente ‚an den Mann' beziehungsweise ‚an die Frau' zu bringen.

Das berufliche Leben arbeitet bedauerlicherweise mit vielen legalen, legitimen und manchmal fragwürdigen Tricks.

Sehr wahrscheinlich will sich die Mehrheit der Gesprächspartner einen rhetorischen Vorteil erarbeiten, um später einen beruflichen oder gesellschaftlichen Erfolg zu erzielen.

Demnach sind Tricks in Verhandlungen üblich und zu erwarten.

Mit etwas Übung ist es gar nicht so schwierig, rhetorisch stark zu argumentieren. Am besten trainieren, gut zu argumentieren, damit Aussagen eine überzeugende Schlagkraft erzielen.

Dem Gesprächspartner wird es dann schwerer fallen, geeignete Gegenargumente zu finden.

Immer die Wahrheit?

Zum Abschluss noch ein Argument, das dem Bereich der Tautologie (gr. ‚to auto' für ‚dasselbe' und ‚logos' für ‚Wort') zuzuschreiben ist und ein Verum (lat. ‚verum' für ‚Wahrheit') bezeichnet.

Es wird eine Aussage gegeben, die immer stimmt:

- „Die Situation ändert sich oder sie bleibt, wie sie ist."

Perfekt! Die Aussage ist nicht anzugreifen – bringt allerdings auch nichts in einer Diskussion, es sei denn, dass sie für etwas Heiterkeit sorgt.

In diesem Sinn ist den Lesern und Leserinnen ein guter rhetorischer Durchblick gewünscht, um überzeugend argumentieren zu können.

Gleichzeitig soll es möglich sein, die raffiniert gestalteten und damit irreführenden Märchen, die das Gegenüber erzählt, als solche zu entlarven. So ist die rhetorische Kraft gegeben, Unsinniges zu ‚entsorgen'.

Guten Erfolg beim Argumentieren

Horst Hanisch

Knigge als Synonym und als Namensgeber

Umgang mit Menschen

„Suche weniger selbst zu glänzen,
als andern Gelegenheit zu geben,
sich von vorteilhaften Seiten zu zeigen,
wenn Du gelobt werden und gefallen willst."

Adolph Freiherr Knigge, aus dem Buch „Über den Umgang mit Menschen", 1788
(1752 - 1796)

Das Böse lauert im Märchen

Die Märchen aus ‚grauer' Vorzeit zeigen, wie der ‚einfache' Mensch gegen die übergroßen Kräfte des Bösen kämpfen musste.

Im Märchen erscheinen durchtriebene Feen, böse Stiefmütter (Entschuldigung an die lieben Stiefmütter), ja sogar der Teufel tritt hin und wieder persönlich auf.

Wie schlimm und unsicher muss die Welt der Vorfahren gewesen sein, mussten sie sich doch ständig gegen Verlockung, Neid und Intrigen wehren.

Adolph Freiherr Knigge

Adolph Freiherr Knigge (1752 - 1796) beobachtete den zwischenmenschlichen Umgang. Er veröffentlichte gut gemeinte Tipps, um das Zusammenleben harmonisch(er) ablaufen zu lassen.

Schon zu seinen Lebzeiten war er bei vielen Zeitgenossen umstritten. Knigge setzte sich durch sein energisches Eintreten für die Ziele der Aufklärung, so wie er sie verstand, scharfen Angriffen aus. Er arbeitete als Romanschriftsteller und Satiriker, sowie als politischer Schriftsteller. Er gehörte den Freimaurern an.

Heute ist Knigge vor allem durch sein Buch ‚Über den Umgang mit Menschen' (1788) bekannt. Und zwar deswegen, weil sein Werk als Etikette-Buch angesehen wird. Knigge verdankt seinen heutigen Ruf und Erfolg aber einem Missverständnis. Denn: Das Werk Adolph Freiherr Knigges gilt als Etikette-Buch ersten Ranges.

Allerdings beschreibt Knigge keine Regeln wie mit Besteck umzugehen ist, oder das Verhalten bei Tisch, stattdessen offenbart er eine praktische Lebensphilosophie im Umgang mit Mitmenschen.

Er gibt Anleitungen und Anregungen, wie mit seinen Mitmenschen zwischenmenschlich harmonisch und ‚richtig' umzugehen ist. Knigge hoffte damit, dass die Menschen glücklich und froh miteinander leben könnten.

Sein Buch erschien 1788 und war schon nach kurzer Zeit in fast allen Haushalten zu finden. Über 200 Jahre lang prägte sich sein Buch im Bewusstsein der Leser als praktisches Handbuch über gutes Benehmen ein. In drei Teilen seines Buchs hat Knigge über den Umgang mit verschiedenen Menschengruppen geschrieben, zum Beispiel:

- Über den Umgang mit Leuten von verschiedenen Gemütsarten, Temperamenten und Stimmungen des Geistes und des Herzens (Erster Teil, 3. Kapitel).
- Über das Verhältnis zwischen Wohltätern und denen, welche Wohltaten empfangen, wie auch unter Lehrern und Schülern, Gläubigern und Schuldnern (Zweiter Teil, 10. Kapitel).
- Über den Umgang mit den Großen der Erde, mit Fürsten, Vornehmen und Reichen (Dritter Teil, 1. Kapitel).

Obwohl es heute klar ist, dass Knigge anderes verfolgte, als heutzutage unter seinem Namen verstanden wird, soll ‚Knigge' als Synonym für den Bereich stehen, dem sich das vorliegende Buch widmet.

Wie könnte in der Gesellschaft ein vernünftiger Umgang untereinander und das soziale Miteinander ohne gegenseitiges Verstehen funktionieren? Der Wunsch nach mehr Respekt, gegenseitiger Wertschätzung und harmonisch zwischenmenschlichem Umgang ist deutlich angesagt.

Listige Realität

Trotz aller Bemühungen ist es nach wie vor nicht gelungen, das Hinterhältige, Egoistische oder Rücksichtslose in der menschlichen Gesellschaft verschwinden zu lassen.

Im Gegenteil: Immer häufiger wird von zunehmendem, verständnislosem und aggressivem Verhalten anderen gegenüber berichtet.

Selbst im beruflichen Miteinander bleiben diese Listigkeiten und Hinterhältigkeit gegenüber Kollegen und Kolleginnen, Kunden und Kundinnen, sowie Vorgesetzten und Mitarbeitenden nicht aus.

Es entpuppt sich als Märchen anzunehmen, dass jegliches Lächeln als Freundlichkeit zu deuten ist.

Dieser Ratgeber soll helfen, die Märchen des vorgespielten harmonischen Miteinanders zu entlarven.

Die ‚echten' Absichten sollen erkannt werden. Somit soll es der Leserin und dem Leser Unterstützung an die Hand geben, rhetorische Tricks zu durchschauen und sich dagegen wappnen zu können.

Knigge erzählte keine Märchen. Er ließ Leser und Leserinnen am tatsächlichen und gewünschten gesellschaftlichen und beruflichen Miteinander teilnehmen. Das soll mit diesem Ratgeber ebenso erfolgen.

So sei Knigge mit seinen Überlegungen zum besseren Zusammenleben gewürdigt.

Stichwortverzeichnis

Ratgeber im kompakten 12x19-Format

Der kleine ... -Knigge [2100]

Anstands- und Banausen-...
Business- und Kunden-...
Büro- und Kollegen-...
Gäste- und Gastgeber-...
Gesellschafts- und Freunde-...
Outfit- und Stil-...
Interkulturelle- und Auslands-...
Bewerbungs- und Vorstellungs-...
Event- und Feste-...
Gastro- und Tischsitten-...
Speisen- und Exoten-...
Trinkkultur- und Getränke-...

Das kleine Handbuch der Rhetorik [2100]

Erfolgreich reden
Körpersprache einsetzen
Vorträge trainieren
Nervosität austricksen
Begeistert überzeugen
Unterschwellig manipulieren
Wahrnehmung verzerren
Einwände entkräften
Gespräche führen
Meetings leiten
Geschicktes Nudging
Interviews führen

Das Märchen der ...
professionellen Argumentation
harmlosen Fragen
sauberen Wahrheit
vertrauenswürdigen Fairness
... in der Rhetorik [2100]

Ratgeber-Reihe

Ego-Knigge 2100
Persönlichkeits-Management
Stress-Management
Zeit-Management
Gedächtnis-Management

Lebenseinstellung
Aberglauben-Knigge 2100
Lügen- und Egoismus-Knigge 2100
Glücks-Knigge 2100
Angst- und Optimismus-Knigge 2100

Bräutigam, Braut, Brautpaar
Bräutigam-Knigge 2100
Braut-Knigge 2100
Brautpaar-Knigge 2100

Selbst-Coaching
Selbstbewusstsein Knigge 2100
Selbstwertgefühl Knigge 2100
Selbstoptimierung Knigge 2100

Bewerbungs-Knigge 2100
Für Frauen – Tina bewirbt sich
Für Männer – Tom bewirbt
Tina und Tom bewerben sich digital

Kreativität und Team
Kreativitäts-Knigge 2100
Team- und Typ-Knigge 2100
Generation X und Y
Die flotte Generation Y im 21. Jahrhundert
Die aktive Generation Z im 21. Jahrhundert

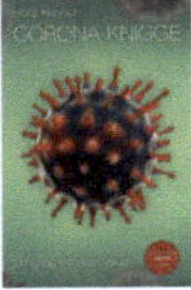

Ratgeber 12x19-Format
Das kleine Knigge-Quiz 2100
Corona-Knigge 2100

Leben und Lifestyle

Adam allein auf der Welt Knigge 2100
Jugend-Knigge 2100
Zukunfts-Knigge 2100
KI-Knigge 2100
Wertschätzung-Knigge 2100
Hochzeits-Knigge 2100
Ü65- und Senioren-Knigge 2100
Blumen-Knigge 2100
Bekleidung! Ausdruck der Persönlichkeit – Lukas' Outfit-Knigge 2100
Nudel-Knigge 2100
Der Interkulturelle Kompetenz-Knigge 2100
China-Deutschland-Knigge 2100
Dschungel-Knigge 2100
Von alles guten Geistern verlassen-Knigge 2100

Der Dicke-Knigge 2100
Typisch Frau – Typisch Mann Knigge 2100
Kulinarischer und Gastronomischer Knigge 2100
Klo- und Pinkel-Knigge 2100
Omi hüpf' mal
Der Hunde-Knigge 2100
Welcome to Germany-Knigge 2100
Besuch willkommen Knigge 2100
Last List Leid 2100
Mensch Macht Mörder 2100
Tod, Trauer, Totenkult-Knigge 2100

Rhetorik, Soft Skills, Hochschule, Beruf

Englisch:

Rhetorik ist Silber
Moderation ist Gold
Lebhafte Körpersprache
Rhetoric – Mastering the Art of Persuasion
Discussion – Mastering the Skills of Moderation
Body Language in Europe
Das große Buch der Kommunikation und der Gesprächsführung 2100
Das große Buch der Rhetorik 2100
Trickreiche Rhetorik 2100
Körpersprache 2100 – Lüge, Verrat, Macht
Soft Skills-Knigge 2100
Die moderne Führungskraft 2100
Schlagfertigkeit-, Spontaneität-, Stegreif-Knigge 2100
Pitch Skills und Überzeugungs-Knigge 2100
Smalltalk-Knigge 2100
Quassel-Knigge 2100
Studenten- und Hochschul-Knigge 2100
Jugend-Karriere-Knigge 2100
Emotionale Rhetorik im Leben und rund um den Tod 2100
Innere Rhetorik 2100
Kriegerische Rhetorik 2100
Blumige Rhetorik 2100
Tele-Meeting 2100
Alles hat seine Zeit – Knigge 2100

Beratung, Coaching, Seminar

Wer hat nicht gerne mit Menschen zu tun, die selbstbewusst und selbstsicher mit anderen Menschen umgehen? Geschäftspartnern, die die elementaren Regeln des ‚Benimms' beherrschen, stehen die Türen zum Erfolg offen. Unternehmen, die neben ihrer fachlichen Leistung auch ‚menschlich' überzeugen wollen, bieten wir für ihre Mitarbeiterinnen und Mitarbeiter aktives Training im Umgang mit Kunden, Gästen, Kollegen und Gesprächspartnern an.

Auf unserer Website informieren wir Sie über unsere Angebote:

- Firmen-Internes-Training
  - → Business-Etikette und das Lehrmenü
  - → Präsentieren, Moderieren, Kommunizieren
  - → Körpersprache und ihre Geheimnisse
  - → Teuflische Rhetorik und das Erkennen manipulativer Aspekte
  - → Flottes Reden vor und zu anderen
  - → Der erste entscheidende Eindruck
- Interkulturelles Training
- Intensiv-Training für
  - → TV-Auftritte
  - → Vorträge
  - → Präsentationen
  - → Reden
- Fachliteratur und journalistische Beiträge
- Vorträge/Speaker
  - → Vor kleinem und vor großem Publikum
- Workshops
  - → Soft Skills
  - → Team-Training

Individuelles Coaching für Einzelpersonen: Wer es ganz individuell mag, greift zurück auf ein Einzel-Coaching, auch als Online-Coaching. Hier werden ganz persönliche Herausforderungen angegangen, mit Themen wie:

- → Erscheinungsbild – Der Erste Eindruck
- → Selbstsicheres und authentisches Auftreten
- → Persönlichkeitsentfaltung
- → Bewerbungstraining
- → Rhetorik und Überzeugungskraft
- → Erfolgreiche Verhandlungsführung
- → Kommunikation und Konfliktbewältigung
- → Präsentations-Techniken und Moderation
- → Interkulturelle Kompetenz

und andere Themen – direkt auf die besonderen Bedürfnisse des Einzelnen zugeschnitten. Besuchen Sie uns auf www.knigge-seminare.de